こんなに違う!?
ドイツと日本の学校

「自由」と「自律」と「自己責任」を育む
ドイツの学校教育の秘密

和辻 龍

産業能率大学出版部

はじめに

みなさん、はじめまして。和辻龍と申します。

私はふだん中高一貫校の数学科教員として勤務しながら、企業の専属人材育成研修講師、オンラインサロン運営、大学での講義や講演なども行っています。

このような人生を送るようになったきっかけは、ドイツへの留学です。

クラウスタール工科大学という場所で研究するかたわら、同時にギムナジウムという、日本の小学5年生から高校3年生に該当する子供が通う学校にも、生徒として通いました。そこで得た経験のすべてが、今の私の礎になっています。

そんな私の経験が、みなさんの人生にとって少しでもプラスになればうれしい。

そんな強い思いから、本書を執筆することに決めました。


ドイツでは、家庭と地域と政府が三位一体となって教育を行います。

先の大戦への反省から、教育には国全体でとても力を入れています。しかし、深い合理性に裏打ちされたその内実は、日本のそれとは大きく異なります。私はドイツが持つ深い論理性に惹かれ、それに触れることで自分を変えたいと願い、思い切って留学を決意しました。

1日9時間ドイツ語漬け。しかも、わからないことばかり。

本当に簡単な日々ではありませんでした。それでもドイツには、自国に馴染もうとする人間ならば、外国人であっても国籍や性別に関係なく受け入れる寛容さが備わっています。こちらが熱意で伝えた分だけ、相手もなんとかして応えてくれる。それがドイツという国です。

私はそんなドイツから、実に多くのことを学びました。そして変わりました。甘えを排するために勤務校を退職し、3年という期限を決め、言葉の壁を克服し苦闘した日々の気づきを、多少なりとも感じていただければ幸いです。

なお、ドイツの正式名称は「ドイツ連邦共和国」です。16の州から成る連邦国家であり、州によって教育制度や理念が異なります。したがって、本書に記載の情報は、あくまでも私が経験した範囲のものです。これがドイツのすべてではありませんので、その点はご承知おきください。

二〇二〇年二月吉日

和辻　龍

目次

第2章

えっ⁉ 驚きの連続！ ドイツの学校の面白さ

第3章

生徒の和辻、ドイツの授業を受けてみた！

第4章

教師の和辻、ドイツで授業をやってみた！

第5章

誰でも今からチェンジできる！教育現場をよりよくしたい！

第1章

そうだ、ドイツへ行こう！

1．なぜドイツなの？

国家より長い歴史を持つ大学

ドイツを選んだ理由は、もちろんいくつもあります。

その大きなひとつに歴史が挙げられます。ドイツには２００年以上もの歴史を持つ大学がたくさんあり、その専門性も獣医大学、美術大学、工科大学など、非常に多岐にわたっています。

私が3年間お世話になったクラウスタール工科大学（Techinische Universität Clausthal）も１７７５年の創設で、２４０年以上もの歴史を誇っています。

アメリカ合衆国の建国が１７７６年。

「うちの大学はアメリカの歴史よりも長い歴史があるのよ」

在学中にお世話になった大学の幹部の方に、よくそう言われました。

日本で一番古いのは１８７７年創設の東京大学で、それより約１００年も前に創られた、まさに「学問と技術が脈々と受け継がれている」大学でぜひとも研究に携わりたい。そう考えたわけです。

そんなドイツは、環境への意識も非常に高い点が特徴です。

メルケル首相は2022年までの原発廃止を公約していますが、政府主導での再生エネルギーへの転換方針に多くの研究機関が続き、それが私の関心とも強く重なりました。風力発電なども日本よりは2世代分進化しています。

ドイツでは、家庭の電力源をどうするのか、自分で決めることができます。多少高くても自然エネルギーを選択する。あるいは、今は原子力。家族できちんと協議し意思決定すること。建前としてのエコロジーではなく、国民の意識が非常に高く醸成されています。

私は合気道有段者ですが、現地の道場へ稽古に行ったことがあります。道場の壁には、浄化装置を経由して蛇口へと至る雨水の流れが、ポスターに描かれていました。そこももちろん、雨水を浄化して利用していました。

歴史において、自然と共生することを重視してきたドイツ。まさにそのような思想のもとで、大学もまた国家より長い歴史を築いてきた。

そういっても差しつかえありません。

ちなみに、ドイツ最古の大学とはどこで、何年に創設されたのか？

答えは、１３８６年に創られたルプレヒト・カール大学（通称ハイデルベルク大学）。こんなところにも歴史と伝統を重んじるドイツの雰囲気を感じ取ることができます。

理を備えた表現力を求めて

ドイツでは、相手が何者であろうとも、よいアイディアであればすぐに取り入れます。

出自や感情などで判断する場面は、絶対にないとは断言しませんが、ほとんど目にすることがありません。さらに、伝え方が下手でも、熱意が伝われば問題になることはありません。

日本語は語彙が豊かな分、表現が難しい言語です。だからこそ、表現に対して多くの人が敏感になります。敬語などはその最たる例です。

他方、ドイツにも敬語はありますが、そもそも2人称には「Sie」と「du」という2つのパターンしかなく、しかも形式よりは伝えようとする姿勢のほうがはるかに重視されます。

また、日本のように雰囲気や空気の中で議論が進む場面はまったくありません。忖度などは一切なく、わからなければわかるまで訊く。それがドイツです。

日本人の私にとって、それを実践するのは非常に難しいことでした。

理解できることと、実際にできることとは違います。ドイツで教育を学ぶにあたって、日本の教育に足りないものが何かを、理解したいと思っていました。このような「理」を備えた表現は、明らかに足りないもののひとつです。

また、ドイツに来なければ得られなかった本物の知識のひとつでもあります。

それを肌で感じたことは、私にとって非常に意味のあることでした。

曽祖父が学んだ地

私の曽祖父は、和辻哲郎という哲学者で、大学で哲学を教えていました。

今でも多くの方に著書をお読みいただき、また記憶の中にとどめていただき、感謝の念に堪えません。そんな曽祖父が、若き日にドイツで学びました。

時代が昭和になったばかりの1927年に渡欧し、ドイツを始め、イタリアやギリシャなど、各国を船と鉄道で周りながらヨーロッパ哲学を学びました。

それを日本に持ち帰り、多くの後進の教育にも従事しました。

もっとも代表的な著書である『風土』を岩波文庫版で読み、曽祖父が過ごした大地で、私も教育へのあくなき挑戦を実践したい。そう強く思いました。

もちろん、私が生まれるずっと前に亡くなっていますので、直接話したことはなく、仕事でドイツに滞在経験のある両親から話を聞く程度でした。

それでも、同じ教育に携わるものとして、曽祖父のことは常に心のどこかにあったように思います。

今でも様々な機会で、和辻哲郎の歴史に触れることがあります。

生徒から学んだ姿勢

ドイツに行く前の私は、女子校で高校1年生の選抜クラスの担任をしていました。

クラスは17人でしたが、彼女たちにとっての一大イベントが1月に行われる文理選択で、まずは本人との二者面談、さらには保護者も交えた三者面談を繰り返し、人生の選択を行うことになります。

不安で泣き出しながら、若い世界観で考え、必死に決める生徒もいます。

もちろん、担任としても全力でアドバイスをするわけですが、あるとき私は、自分ははたして自分と真剣に向き合っているのか？　そんな疑問を心のどこかにぼんやりと抱くようになりました。

ドイツに行きたいという思いはクリアになっていました。

しかし、目の前にいる17人の生徒を言い訳にして、先送りにしていないか？

彼女たちには自立を促し、「理系科目が苦手だから文系。そんな安易な考え方に逃げてはいないか」と叱咤している私が、実は一番逃げているのではないか？

とはいえ、まだ1年生の彼女らを置いて学校を去るのは裏切りではないのか？

そんな激しい葛藤の中で、私はまさに断腸の思いで、渡独を決断しました。

自分が成長した姿を見せれば、みんなもきっと理解してくれるはず。踏み出す一歩の勇気は、間違いなく17人の大切な生徒たちからもらいました。


ある生徒とのエピソードをひとつだけ。

彼女は、医療や看護といった世界を志望していました。理系科目は不得意で、そのことを強く不安に思っていました。そんな彼女に私は言いました。

「あなたが勇気を出すのであれば、少なくとも数学に関しては全力で支える」

だからこそ、自分で覚悟を決めて決断してほしい、その勇気を持ってほしい。

そんなアドバイスを彼女に送りました。

その一方で、それらの仕事がキラキラした部分だけではないこと、命に関わる重大な仕事である点を本当に理解できているのかということも、アドバイスと同じくらいの熱量で厳しく問いかけました。

進路相談とは人生相談です。彼女たちにとっての進路とは人生そのものです。だからこそ、こちらも真剣に向き合わなければならない。

彼女は不安を克服して理系に進み、その後も順調に成長してくれました。今は社会に出て別の分野で活躍していますが、ときどき悩みを相談してくれるなど、貴重な交流の時間を与えてくれています。

偶然を手繰り寄せる必然

これはドイツ行きを決心したあとの話になります。

私は電気工学の修士課程を終えていましたので、ドイツで学ぶにあたっては、大学院の博士課程を受験することを決めていました。

しかし具体的な方法についてはいまだ霧の中。そんなときに偶然出会ったのが「欧州留学 大学フェスタ」です。たまたま開催場所が東京で、ドイツの大学もいくつかブースを設けていました。しかし、理系の募集は1校だけでした。

フェスタの存在を知ったのは、なんと開催日の前々日。

来日中の教授に話をしようと思い、あらかじめ英語で準備していた修士課程の研究報告書、志望理由書、3年分の研究計画書を用意しました。それらを持ってブースに行き、書面を中心にアピールすることが目的でした。

ブースには大学の幹部と教授が1人ずついて、その教授の専門が電気工学でした。

「たぶん僕の研究室で大丈夫だと思うよ」

拙いドイツ語の会話でしたが、何とかそう言ってもらうことができました。

しかし私は、初日の土曜日だけでなく、2日目もブースに出向きました。

熱意をさらにアピールすることが目的です。

偶然の産物を結果へと結びつける。結果が出るまで満足しない。ギリギリまであと1%を上げていく。そんなスタンスが奏功したと思っています。

他の大学にもアプローチしましたが、合格をいただけたのはここだけでした。

クラウスタール工科大学には30年ほど前に1人だけ学生がいたようで、日本人を受け入れたいとの思いが強くあったようです。日本人研究員は当時私だけということで、期待と歓迎を持って受け入れていただきました。

日本の博士課程は人物重視。ドイツは人物よりも目的重視。ビジョンが何より大切にされます。運否天賦のラッキーではなく、然るべき準備があったからこそ、偶然の出会いを手繰り寄せられたと思っています。

2. ハルツ山地って、どこ?

魔女伝説発祥の地

大学のあるクラウスタール＝ツェラーフェルド(以下クラウスタール)は、ドイツ北西部に位置するニーダーザクセン州の小さな町で

所属していたクラウスタール工科大学にて

あり、人口は1万6000人弱（2018年統計）です。

私の留学当時には日本人はほとんどおらず、人口は約1万3000人で、うち学生が4500人。留学生は1500人で、そのうち500人が中国人といった構成でした。

標高1142mの、北ドイツではもっとも高いブロッケン山のあるハルツ山地の中腹にあって、夏は避暑地、冬はスキーが盛んです。日本でいう軽井沢のような場所です。

オランダ、ポーランド、デンマーク……。それらの国々から多くの人が集まってきます。

5月1日に行われる五月祭の前夜、「ヴァルプルギスの夜」になると、ドイツ中の魔女がクラウスタールに集まり宴を繰り広げる。そんな

魔女のお土産

汽車でも登れる標高1,142mのブロッケン山

魔女伝説発祥の地として知られ、魔女の人形が町のシンボルにもなっています。

緑豊かな静かな町で、とても素敵です。

ドイツ最古の教会

クラウスタールには、ドイツ最古級の木造教会が存在します。

ケルンやマインツといった大聖堂に注目が集まりがちですが、世界的に見ても非常に貴重な、歴史の遺産であると私は思っています。

このような建造物が、田舎の小さな町に静かに生き続けています。


もちろん、多くの観光客が訪れるのですが、日本のような喧騒はありません。

クラウスタールにある、ドイツ最古級の木造教会

どちらか一方がよいということを言いたいわけではありませんが、商業主義の過度な雰囲気は、少なくともドイツではほとんど目にすることがありません。

ちなみに、日本最古の木造教会は、国宝でもある長崎の大浦天主堂です。

２０１８年には「長崎と天草地方の潜伏キリシタン関連遺産」のひとつとして、ユネスコ世界遺産へも登録されました。

石炭の汽車が走る山

前述のとおり、クラウスタールという町は山岳地にあります。

にもかかわらず、石炭機関車が、人々の移動を支える主要な手段として今もなお活躍を続けています。

山肌を列車が駆け抜けていく。

私もよくそんな光景を眺めていましたが、まさに壮観という感じでした。

面白いのは、先頭の機関車が上り下りで向きを変えないこと。さらに興味深いことに、機関車以外の車両にはブレーキが存在しません。

上るときには、先頭の機関車が後続車両を引き上げる。そして下るときには、最後尾になる機関車が前に連なる車両の降下を食い止める。後続車両が自然に落下していく速度を計算し、それに抵抗する形で機関車の出力を設定。その差で下っていく速度を調整するわけです。

山という限られたスペースを単線という形で有効活用する。

これもひとつのすぐれた知恵であるといえます。

ちなみに、正確な年代こそ定かではありませんが、客車にはかなり古い時代のものが使われています。少なくとも100年は経っていると思われます。

しかし、これまで一度も事故は起きていない

今も現役の古い石炭機関車と客車

そうです。

青空が超貴重な夏

クラウスタールの標高は約600m。

そんな町の夏は曇りの日が非常に多く、雨がほとんど降らない8月でも、20日ほどの青空があれば奇跡的にありがたい。そんな思いを町の誰もが抱いています。

もちろん、冬には青空など1日も拝むことができません。

だからこそ、貴重な夏の青空には誰もが胸をときめかせます。

数学の授業でも、めったにない晴れの日にはみんなで外に出て、そこで授業を行います。日本でいう中学生であれば、グラフを作成します。

クラウスタールの貴重な青空

そのグラフを全員が校庭のアスファルトにチョークで書くのです。

完成したグラフは夏の記念に写真に収め、それもみんなで共有します。

そこに自分たちのサインを入れ、貴重な学びの記録としています。

使えるものは何でも使い、どんなことにも積極的に挑戦するというドイツの知恵が、非常によく表れている。そんなエピソードであると私は感じました。

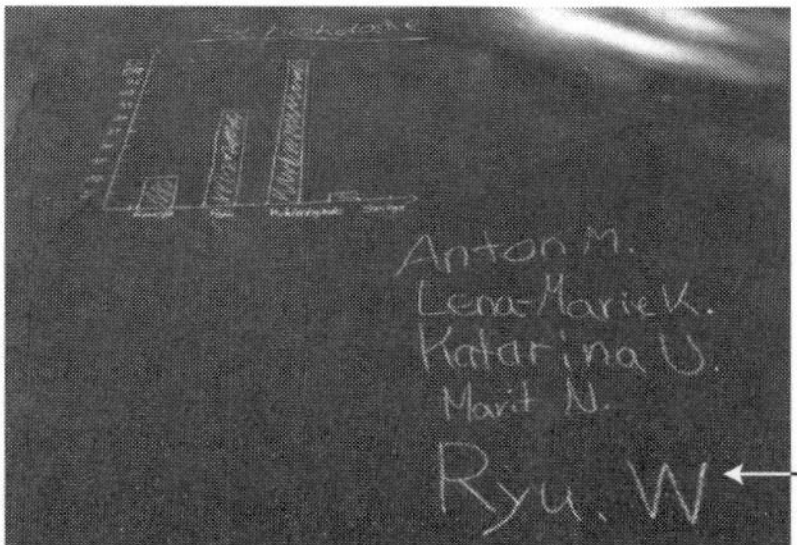

私も署名

晴れた日は校庭で授業。作成したグラフにしっかり署名する

車を掘り起こす冬

夏の青空が完全に街から遠ざかってしまうと、秋から冬にかけての、とても寒く厳しい季節がやってきます。

10月の声が響けば雪が降り始め、4月下旬まで降雪が続きます。

しかも、豪雪。その備えをしっかりとしておかなければ、文字どおり命に関わる危険と直面することになります。

たとえば南欧では、「屋根があれば」暮らせます。

しかしドイツでは、屋根をミリ単位で設計します。こうしたことも、ドイツの高い論理性につながっていると私は思います。


一晩の降雪量は、1・5mに及ぶ場合もあります。

路肩には、いつもだいたい2mくらいの雪が積み重なっています。

1・5mも雪が降れば、車の屋根まで埋まり

クラウスタールの冬は厳しい

ます。

雪かきレベルではなく、まさに車を「掘り起こす」ことから一日が始まります。完全に掘り起こすまでの時間はおおむね30分といったところでしょうか。

朝からかなりの重労働です。しかも、そんな日が何日もあるのです。

私も慣れるまではとても大変でした。


ただ、防寒さえしっかりとしておけば、日本の湿った空気とは違ってとても乾燥しているので、なんとか耐えることができます。その分、全身が乾燥するので女性用のヒアルロン酸保湿美容液が、ドイツでは必需品でした。

また、リップクリームもとても重宝しました。

雪に埋もれた私の車

日本は夏冬を問わず、常に湿気と闘っています。そこがドイツとの一番大きな違いであるともいえるでしょう。

日本人の不快に耐える力。その源泉は湿度にあるのかもしれません。

3. ドイツ社会ってどんななの？

犬も払う住民税

ドイツは犬をとても大切にする社会です。

街を歩いていると、犬連れの人が本当に多いことに気づかされます。

そんな犬は「モノ」ではなく、いわゆる「ペットショップ」と呼ばれるものは、一切存在しません。犬は人間の「家族」として生活し、ほとんど人間と同じ扱いを受けます。

他に、馬を飼っているご家庭もとても多いのですが、犬だけは別格なのです。

そのためかどうか、ドイツには「犬税」というものがあります。人間にとっての住民税だとお考えいただければけっこうです。

金額は、写真のような中型犬であれば毎年80ユーロ。現在のレートでは年間で約1万円になります。

そのお金は、様々な形で犬の福祉のために役立てられています。

さらに興味深いことに、鉄道に乗車する際には、犬にも料金がかかります。値段は子供料金と同じです。もちろん、切符も買います。日本の子供マークのような犬のマークも、ドイツの券売機にはちゃんと用意されています。

電車にも普通に犬が乗る社会。当然にマナーが問題になります。

鉄道の券売機。犬用乗車券も買える

住民税を払う中型犬

ドイツでは、犬のマナーは圧倒的に飼い主の責任です。犬が人に吠えるのは、飼い主がしっかりとしつけをしてないからだ、と見なされるわけです。

この点も、非常に理にかなっていると私は考えています。

個人に合わせた契約社会

ドイツは強固な「契約社会」であるといわれます。

何事もすべて契約にもとづいて判断する。日本のように、本音と建前を上手く使い分けるような雰囲気は、微塵もありません。

たとえば、雇用契約における勤務条件の設定などが特徴的です。

ドイツでは、多くの場合、日本のボーナスにあたるものはありません。しかし、雇用主との交渉によっては、売り上げの何%といった形で、臨時の報酬を設定することも不可能ではありません。「ボーナス＋社用車付き」が、転職の際の好待遇の目安です。すべては双方の合意次第、ということです。

それから、興味深いところではタバコの時間。

タバコを吸う人と吸わない人では、勤務時間に差が生まれます。日本でもよくタバコをめぐる不公平が語られています。
ドイツでは、タバコの時間もしっかりと労働条件に含めます。
たとえば、1日30分までは休憩時間と見なす、といった形です。
したがって、契約の形態も個人によって異なります。もう、バラバラといってよいでしょう。

そこで大切なのは、自分の意思をしっかりと主張すること。

「主張がない＝意思がない＝理解が足りない＝評価に値しない」という構図が、ドイツにおける一般的な理解の形です。

このような自主自律の精神は、どれだけ自分を知っているのか、という評価の観点とも結びついています。日本ではむしろ、強く自己主張しないこと、組織の和を大切にすることが尊いと見なされます。

こうした点も、日本とドイツの大きな違いのひとつであるといえます。

実に美味しいグミ大国

ドイツには、とても美味しいグミがたくさん存在します。

留学する前は、グミを食べる機会などほとんどありませんでしたが、ドイツで学んでいる間にすっかり私もグミ好きになりました。

一番有名なのはハリボーグミ。ご存じの方も多いかもしれません。熊のマークが非常に特徴的で、深い噛み応えがとても気に入っています。スーパーなどでも、色とりどりのグミが棚のひとつを完全に独占しています。日本でたとえるなら、ポテトチップスのイメージでしょうか。

後段でもまた触れますが、ドイツでは授業中も飲食OKです。もちろん大々的に食事をする人はいませんが、おやつはむしろ栄養（糖分）補給に必要なことと受け止められています。

そこで生徒に一番好まれているのがグミです。

グミ以外では、人参やパプリカなどの野菜が多いでしょうか。

授業中に先生の話を聞きながら、または、生徒同士の熱い議論の合間などに、みんなが口をモグモグさせているというのは、ドイツの日常の光景です。

しかしながら、お菓子全体としてのバリエーションは少ないようです。グミの種類が圧倒的に多いので、他のお菓子には気が回らないのでしょうか。正確なところはわかりませんが、合理性を追求するドイツらしい発想のように、私自身には感じられます。

他に興味深いところでは、誕生日の人がクラスメイトにお菓子を配ります。それがドイツ流です。配るお菓子はもちろんグミです。

ホテルに宿泊した際には、ウェルカムグミがみなさんを待っています。

改札口がない駅

鉄道について先ほど触れましたが、ドイツの駅には改札口がほとんどありません。自動券売機はあって、犬用の乗車券ですらあるのに、なぜか改札口は用意されていないのです。

ですから、理論的には無賃乗車も十分に可能です。ただし、基幹鉄道や大都市路線ではぬきうちで社内検札があります。もしそこで無賃乗車が発覚すると、かなりの大事になります。最低60ユーロの罰金も課されます。日本円に換算すると、約7200円です。

ニーダーザクセン州の鉄道はその点のんびりで、あまり検札が来ません。それでも、ドイツの人たちは、その環境を悪用はしません。

一方、日本の鉄道では、改札口が重要な役割を果たしています。

規則がなければ犯罪に手を染めるかもしれない。だからこそ事前にそれを防止する。そんな発想が根底にあるということでしょうか。

言い方は悪いですが、最初に壁を作るのが日本です。エリアをしっかりと限定して、そこを通る機会そのものを限定する。

つまり、規則を作ってそれを全員に等しく「守らせる」わけです。

しかし、ドイツではすべては自己責任です。壁を設けたりはせず、ルールを守るかどうかは自己責任に任せる。ただし、破った場合はしっかりと罰を受けることになります。

ちなみに、ドイツの交通違反の取り締まりは、ほとんどオービスに頼っています（設置台数は日本の約4倍とも）。

誰もが持つ環境意識

そんなドイツでは、誰もが高い環境意識を有しています。

ペットボトル飲料はほぼ全て、購入時にデポジット料の30円が含まれています。あるいは、ボディ全体に緑の芝生をまとったフォルクスワーゲンなど、非常に面白いアイディアがいくつも登場します。

そのなかでも、水に対する意識は誰もが強く持っています。

日本とは違って、どこにでも水が潤沢に存在しているわけではありません。ドイツは特に水

環境想い？芝生をまとったフォルクスワーゲン

資源に乏しい国として知られています。

生きるためにはまず水を確保する。それがドイツの伝統的な意識です。

ドイツ人の誰もが、日々の生活で水を大切にしています。

身近なところでは、お風呂に入る回数をみんなが制限しています。

もちろん、空気が非常に乾燥しているので汗をかきにくく、したがって臭いもほとんど心配ない。そんな背景がそれを可能にしています。

小学6年生の女子たちが、「最近いつ髪の毛を洗った？私は昨日髪の毛を洗ったの」「よかったね。私は3日前よ」などと普通に会話しているのを耳にします。

夜に入浴し、朝はシャワーを浴びる。

そんな日本の話をしたら、彼女たちは卒倒するかもしれません。

4. どんなドイツ生活を送ったの？

夢の中でもドイツ語

ここからは少しだけ、私のドイツでの生活についてお伝えします。最初の話題は語学。留学を考えている方、あるいは実際に経験された方には、きっと共感していただけるのではないかと思っています。

留学前、英語は多少使えるレベルにありましたが、ドイツ語はまだまだ。ドイツ人のドイツ語が雑音に聞こえてしまうレベルでした。

そんな状況でしたから、ドイツに渡って最初の半年間は、ひたすらドイツ語を学ぶ日々を送りました。というか、送らざるを得ませんでした。

そして本当に、1日9時間ドイツ語に触れる生活を送りました。

夢の中でもドイツ語を使うくらい、必死に学びました。

それができたのは、受験勉強の経験があったからだと思います。

何かと批判も多い日本の受験スタイルではありますが、何かを必死にやり切る経験は、その後の人生にとっても大きなプラスになります。

まさに私のドイツ語の学びにとって、受験の経験が生きました。

また、何より自分の未来を切り開くための重要な学びであったこと。

そんな想いが私の背中をしっかりと押してくれたように思います。

その結果、大学でなんと6単位分の日本語講座を大学講師として担当することになりました。もちろん、全部ドイツ語を使っての授業です。自分が説明する内容だけでなく、想定される質問まで、すべて事前に準備して丸暗記しました。

この経験が、結果的に私のドイツ語の力を飛躍的に高めてくれました。

英語に逃げることもできましたが、私はしませんでした。それは学生と自分の双方にとって、甘えを生むことにしかならなかったからです。

風力発電機の設置

言葉からいきなり、という感じかもしれませんが、次に取り上げるのはドイツの風力発電についてです。

といっても、大規模なものではなく、非常に身近な話題です。

私が入った大学の研究室には、風力発電機が設置されていました。

ただ、その設置の仕方が一風変わっています。日本では業者が設置するものと相場が決まっていますが、なんと私たち自身で組み立てたのです。

大きさが8mくらいあり、かつ慣れない作業だったので大変でしたが、興味を持って全員が協力しました。夏の晴れの日に、チョークでアスファルトにグラフを書く中学生とほとんど同じ心境です。


なぜ、そのように面倒なことをするのか？

そんな疑問を抱く方も多いかもしれません。ドイツでは、何よりもプロセスを大切にします。答えが何かも大切ですが、むしろそれをどのように出したのかが強く問われる社会です。

環境意識を真に根づかせるには、自分で装置を作らせる。

出来合いの「環境保護」ではなく、その苦労をしっかりと経験する。

研究室の大容量電源は1950～60年代の古いものを使用していましたが、そうした資源を大切にするスタンスもまた、環境意識に他なりません。

モノを大切にするドイツ。その神髄をここでも垣間見た気分でした。

深夜の卓球リーグ戦

私が通っていた大学には、日本の大学でいうところのサークル活動や部活動がありました。

私が入部したのは、決して得意だったわけではありませんが、卓球部です。ドイツでは、サッカーに負けず劣らず卓球も非常に盛んで、老若男女多くの人たちが楽しんでいます。しかも、とても真剣に取り組んでいます。

私たちのチームも、地域のリーグ戦に真面目に参加していました。

そこでは、近郊の町や大学とホームアンドアウェイで2回戦い、約14試合行って順位が決まるので、私もかなり熱が入りました。

勉学が基本の大学生にとっては、放課後の取り組みになりますし、社会人にとっては仕事後のリフレッシュとなります。

対抗戦はシングルス6試合、ダブルス3試合の全9試合で構成されます。

近郊とはいえ車で40分かかる、それなりに距離のある町や大学もあるので、試合開始が20時～21時というケースもありました。

なかには仕事をしている人もいますから、どうしても時間が遅くなります。そんな試合が終わるのは、真夜中の1時を過ぎた頃。

日本では絶対に考えられない仕組みですが、ドイツでは当たり前です。

さらに驚いたことに、全員翌朝は平気な顔で出勤してきます。寝不足で大きなあくびをしながら、という人はほとんど見かけません。

しかも、前夜の試合のことなど、誰も話題にしません。

こうしたメリハリもドイツの大きな特徴で、学ぶところが多々ありました。

ちなみに私自身は、チームがリーグで優勝し、昇格するところまで活動を

団体戦レギュラー（一番右が私）

続けました。忘れられない思い出のひとつです。

「日本」を伝承する日本語講座

大学で日本語講座を担当することになったとお伝えしましたが、ここで取り上げるのは、その講座を通じて体験した出来事です。

私が担当したのは、本当の基礎から日本語に触れるクラスで、基本的な文法や「あいうえお」の書き方を覚えるところから授業をスタートしました。

そこでの経験が、私にとっては非常に興味深いものでした。

ドイツの大学生は、いったい日本語のどこに関心を持ったのでしょうか？

一番訊かれたのが、「好きな文字は何か？」という質問です。

あるいは、どんな言葉が好きなのか、日本語のどこが好きなのか。そんなこともたくさん訊かれました。

また、ひらがなの「う」の2画目の感じが好き、などといった、日本では絶対に出てこない発想もありました。彼ら／彼女らの発想は、言葉というよりも一種のアートとして日本語を捉えるという感じだったと、今にして思うことがあります。

講義内の書道の時間は、日本でいう図画の時間と同じ扱いでした。

特に文字の美しさには、強い関心が寄せられました。

「ま」とか「よ」、あるいは、「む」などの、うねりがあってごまかしの利かない文字が注目を集めていました。

文字以外で興味深かったのは、「人」をめぐるやり取りです。

「日本人」や「ドイツ人」のように、国名や地域名のあとに「人」が付くと、そこに住んでいる人を表す。それがなかなかイメージしにくいようでした。

日本のアニメに詳しい若者も多いので、こんな質問もありました。

「スーパーサイヤ人はスーパーサイヤという国の人？」

「変人は変な国の人のこと？」

正直、的確な説明が思い浮かびませんでした。

生徒に誤解や失望を与えていないことだけを、今も祈り続けています。

外国人として感じるドイツ

ここまで書いてきたことの、まとめのような話になります。

私のような、外国人という立場でドイツを眺めたときに、何がもっとも特徴的だと感じるのか?

あえて絞り込むとすれば、「論理性」と「自己責任」。

この2つの言葉に集約されていると思います。

その理由は、この2点が日本とは特に大きく異なっているからです。日本では「情緒性」や「連帯責任」が好まれます。

無論、どちらがすぐれているかを言いたいわけではまったくありません。

「論理性」というファクターは、「なぜ?」という質問に集約されます。

後段でも触れるので詳しくは述べませんが、ドイツ人は、理由のないことは決してやりませんし、また口にもしません。

あるいは、契約条件にない仕事は絶対にやりません。

子供を叱ったりする際にも、感情ではなく論理を前面に押し出します。

「自己責任」についても、子供の頃から徹底的に叩き込まれます。何をしたいのか、どうしたいのか、自分でしっかりと選ぶこと。カップルや家族であっても、最後は自分で決断することが求められます。

したがって、ドイツの先生は、「勉強しろ」とは決して口にしません。するもしないも本人の自由。それで留年すれば本人の責任。

その点は本当に徹底しています。日本の教育もこうした点をもっと参考にし、子供たちと向き合っていく必要があると感じています。

5. ギムナジウムへ入学してみた！

ギムナジウムを目指す！

そもそも、大学を目指した私がなぜ子供たちの教育について語っているのか、改めてその点を整理しておきたいと思います。

前述のとおり、私は日本で教育者として活動していました。

その頃からドイツの教育に関心を持ち、留学を通じてできるだけ多くのことを吸収したいという気持ちを、ずっと抱き続けていました。それを実現するための方法が、大学に通うかたわらギムナジウムに入学するという選択だったのです。

先に少し触れましたが、ギムナジウムとは、日本の中学と高校が一緒になったような学校です。正確には、日本でいう小学5年生から高校3年生までの8学年が存在し、基本的に大学への進学を前提として学びを続けます。

日本の中学1年生は7年生、高校1年生は10年生となり、5年生からは学年のいかんにかかわらず、留年という制度が存在しています。

同じ学年で2回留年してしまうと、ギムナジウムから、日本でいう専門学校を目指す学校に転校することになります。その場合、コース自体を移行することになるので大学進学がきわめて難しくなります。

そんなギムナジウムで、ぜひとも学んでみたい。

留学直後のバタバタが落ち着いてから、すぐに私はその計画を実行に移すことに決めました。

なんちゃって就職活動

そんな夢を実現するには、現場に入り込むのが一番よい。

いや、それ以外に方法はない。そんな思いで私の胸はいっぱいでした。

しかし、それを具体的にどうやって実行していけばよいのか？　最初はかなり悩みましたが、ひとしきり考えた末にたどり着いたのが正面突破です。

勝手に日本式の就職活動を開始し、自分を売り込むことに決めました。

売り込む先はもちろん、地元のギムナジウムです。

まあ、明らかに「なんちゃって就職活動」と呼ばれても仕方のないレベルではありましたが、自分なりに真剣に取り組みました。


活動に際して、まずは書類を準備するところから始めました。

志望理由書、成績証明書、卒業証明書、教員免許証のコピー、そして大学での研究プラン、などなど。

東京でフェスタに参加したときと、ほとんど同じです。

しかし、ひとつだけ大きな違いがありました。大学入学を希望するに際してこれらの書類は必要になりますが、ギムナジウムへの入学にはたしてそれらが必要かといわれれば、答えはおそらくNOだと思います。

それでも、必死だった私にはそうする以外に方法は思いつきませんでした。

そして、ひととおり書類を整えたところで、校長室への突撃を敢行する。それが私の次の作戦でした。

いざ校長室へ！　3分スピーチ丸暗記

アホか！　と言われるかもしれませんが、すべて本当の話です。

胸いっぱいの思いを抱えた私は、ある日突然ギムナジウムを訪問しました。

もちろんアポの類は一切取っていない、いきなりの訪問です。その理由はいたってシンプルで、当時の私にはアポを取る技術も語学力もありませんでした。

そもそも、この件はきわめてイレギュラーな話です。

そんなイレギュラーな話を、電話に出た人に適切に説明して理解してもらい、そのうえで校長先生に取り次いでもらう。

それは私の能力を明らかに超えた課題でした。

それでも、いきなり訪問して自分の思いをぶつけることはできます。誰かに取り次いでもらうにしても、ボディランゲージを交えつつ、カタコトで何とか説明することならできるかもしれない。

そんなことを考えながら、ギムナジウムの敷地へと入っていったわけです。

幸いにして、校長室にはストレートにたどり着くことができました。

しかし、最初は残念ながら不在。少なからず落胆しましたが仕方ありません。それでも、少し日を置いて臨んだ2回目には在室されていました。

いきなり校長室のドアをノックし、おもむろに室内へと入る。

そしてあらかじめ用意していたスピーチを、3分間矢継ぎ早に話しまくる。質疑応答をする力もありませんので、一気に話し切るしかありません。だから私は、話す内容をすべて丸暗記して臨みました。

そんな突撃にもかかわらず、校長先生は私を受け入れてくれました。日本であれば警察を呼ばれても言い訳できないシチュエーションです。今から振り返っても、校長先生には感謝という言葉以外、何も思いつきません。

熱意、熱意、熱意！

そのとき私が話したことは、おおむね３つのポイントに集約されます。

ひとつは、日本では教員をやっており、帰国後も再び教員を続けるつもりであること。次に、帰国後の教育にあたって、ぜひともドイツ流を取り入れたいと考えていること。そして最後に、だから生徒として置いてほしいということ。

そのことを、ひたすら熱意をもって語りました。

ドイツ語は頼りないものでしたが、熱意だけは誰にも負けません。

教育というものへの私の想いを、熱意という風に乗せて伝え切りました。


３番目の話をしたとき、「さすがの校長先生でも驚くのでは？」という気持ちが、実際のところ私の中にはありました。

しかし、校長先生はまったく驚く素振りを見せませんでした。

私の熱意を、本当に真摯に受け止めていただきました。

後段でまた詳しく触れますが、このときの経験から、私は自己紹介というものの大切さを本当に学びました。

日本人は一般的に、過去と現在を自己紹介のネタにします。

これまで自分は何をやってきて、そして今何をやりたいと考えているのか。

しかし、本当に大切なのは未来ではないかと思うのです。

今何をやりたくて、それを未来にどのように役立てていきたいのか。

間違いなく、未来をしっかりと語ったことが、校長先生の判断に影響した。少なくとも私はそう信じています。

即断即決

校長先生の答えは、ＹＥＳでした。

「あなたが生徒として在籍してくれたら、他の生徒たちにとってもプラスになる。日本や日本人をよく知ることができる。だからこそ、ぜひ入学してほしい」

そんな温かい言葉と共に、二つ返事でオーケーしてくれました。

「持ち帰って検討」も「結果は後日改めて」も、一切ありません。まさに文字どおりの即断即決です。正直、私のほうが驚いたくらいです。

これが日本であれば、絶対に即断即決はしません。

仮に答えが出ていたとしても、一定の時間を必ず置きます。結果がNOのときに、相手を傷つけてしまうかもしれない。そんな配慮ゆえの対応ではあるのでしょうが、必ずしも必要のない時間であることは確かです。

あるいは、独断を避けるという問題もあるのかもしれません。

しかしドイツでは、「よいアイディアはよい」と、即断即決を好みます。

論理的に考えてマイナスになるところがなければ、断る理由がない。まして、答えるまでに時間をかける必要もない。

もちろんその分、悪ければ「悪い」とその場で言い切られてしまいます。ただし、ダメな理由についてもしっかりと説明をしてくれます。

その説明に納得できなければ議論すればい

ギムナジウムの校舎

いし、納得できればスッキリする。時間をかけた末の結論が「よくわからないYES」の場合よりも、もしかしたら納得感が大きいかもしれないとさえ思います。

そもそも、コミュニケーションの質が異なりますので、日本とドイツを単純に比較することはできません。

それでも、私は多くの局面で、ドイツの即断即決に救われました。

その一番のエピソードが、このギムナジウムへの入学の場面でした。

ちょっと聞いて！①

陸路で国境超え

日本では間違いなく体験できない陸路での国境越えですが、ドイツは9か国と国境を接しており、車で隣国へ行くことはとても簡単です。

フランスへ向かう高速道路を例にとると、国境とはいっても写真にあるとおり、看板ひとつで国をまたぐことができます。日本でいうところの、県境の案内板のようなイメージです。

ある日、道路脇の草むらでは野ウサギが走り回る国境を通過しました。

その瞬間、私の脳裏をひとつの想いがよぎりました。

「この国境のように、物事の境界はあくまで人工的な線引きで、考え方ひとつであらゆる境界をなくすことができるはずだ！」

このことがきっかけで、帰国後の教員生活では、「学校と社会」「数学と他教科」「遊びと勉強」、これら3つの境界を取り払った授業を展開しています。

境界をアンインストール！

この看板の先はフランス

第2章

えっ!? 驚きの連続!
ドイツの学校の面白さ

1. 学校行事が「ない、ない、ない」に驚いた

文化祭がない

文化祭といえば、生徒も保護者もお楽しみの学校行事です。

喫茶店などの飲食店を出すのか、縁日やクイズなどの遊べる出し物にするのか。生徒にとってはクラスで話し合う段階から楽しいイベントです。

なかには、黒板に描かれたアートを背景にしたり、教室いっぱいにカラー風船をちりばめたりして、誰でも可愛い写真が撮れるように工夫した出し物もあります。SNSに載せるための写真撮影用ス

日本の文化祭におけるインスタ映えクラス

ポットを提供するという、まさに流行りに乗った「インスタ映えクラス」です。

このインスタ映えクラスは、低予算かつ集客力絶大。そして何より、風船をふくらます準備から装飾に使った段ボールを一気に片づけるまで、プロセスを大いに楽しめる点が文化祭のあり方を変える革新的な出し物だと、個人的には感じました。

ところが、そんな文化祭がドイツにはありません。学校はあくまでも授業を受ける場所なのです。

しかし、そうはいいながらも、滞在中に学校全体で実施するお祭りのような（？）行事を体験しました。

5年生から12年生まで全クラスが参加する、まる一日をかけた行事で、様々な種目の計測結果を競います。クラス全員参加の種目は、１０００m走、50m走、走り幅跳び、砲丸投げ。また、クラスの代表者を決めて参加する種目はダーツ、大縄跳び、紙飛行機投げ、Montags Maler（モンタークス マーラー）です。

モンタークス マーラーは、ひとりが単語の書かれたカードを引いて、その単語の絵を黒板に描きます。残りのメンバーは、その絵を見て何の単語かを当てます。制限時間内に正解できた単語数がポイントになります。

ちなみに紙飛行機投げは、5分間で紙飛行機を作り、参加メンバーが飛ばした飛距離の合計がポイントになります。

体育祭に近い本気で汗をかく種目から、いかにもお祭りという種目まで、よくひとつの行事にまとめたものだと感心します。

全員参加の種目は、もちろんクラス全員で臨みます。

しかし、そうでない種目はその場で話し合って参加者を決めます。各クラスの臨機応変な対応力も必要になるわけです。

やりたい人が自ら意思表示して参加する。

みなさんは、こんなお祭りがあったらどう考えますか?

体育祭がない

体育祭といえば、運動が得意な生徒も苦手な生徒も、選手として観戦者として熱く盛り上がる行事です。先生や保護者もチームを作って参加し、年齢や立場を超えて生徒と熱戦を繰り広げることもあります。

私自身は、高校3年生のときの棒倒しが記憶に残っています。必ずしも活発なクラスではなく、ふだんの練習ではいつも負けていましたが、学級委員長だった私は「最後の体育祭を思い出に残るものに！」とクラスを鼓舞し続けて、本番では1勝を挙げることができました。相手陣の棒の先に付いた旗を奪取して全員で歓喜した瞬間を、今でもありありと思い出します。

何となく予想はついていると思いますが、ドイツには体育祭もありません。スポーツの行事としては、冬に球技大会のような（？）行事を体験しました。5年生から8年生がバスケットボール、9年生と10年生がバレーボールで対戦し、学年ごとに総当たり戦を行います。

この大会はクラス全員参加ではなく、種目ごとに正選手6人と補欠1人の合計7人を登録選手として、あらかじめクラスから選んでおきます。各クラスには24人ほどの生徒がいますので、参加者は3人に1人程度となります。

何より注目すべき点は、登録選手の決め方です。

まずは、プレーしたい人が自由に手を挙げます。7年生のクラスでは、全部で10人が手を挙げました。日本だとジャンケンやくじ引きに移行しますが、しかしドイツはやり方が違います。

なんと、クラス全員がプレーしてほしい人の名前を2人書いて投票していく。そんな選挙方式で決めていくのです。

2人を選ぶ理由は、自ら手を挙げた人が自分以外にも1人選べるようにするという工夫にもとづいています。どうしても思いつかない場合は1人しか書かなくても大丈夫です。

得票数が同数の場合は、7人になるまで投票を繰り返します。

プレイヤーを投票で決める。これぞまさに学校内で行うことができる実践型の民主主義であるといえます。選挙日に欠席した人は、投票ができないだけでなく立候補することもできません。

欠席する自由に伴う、自己責任の考え方が徹底しています。

ちなみに、選挙を勝ち抜き、晴れて選ばれた7人がバレーボールでどのようなプレーを披露したかというと、まさかの棒立ちで立ち位置からほとんど動かず、結果はボロ負けでした。立候補したモチベーションはどこへやら……。

学校指定の体操服がないので自由服で臨むわけですが、そもそもジーパンを履いて参加している人がいる時点で……。これ以上はあえて言いません（笑）。

出場者を決める投票結果

修学旅行がない

国内ならば沖縄、北海道、東京。海外であれば台湾、イギリス、カナダなど。昨今の日本の修学旅行先は実に多様な行き先があります。

教員1年目の私は高校2年生42名のクラス担任として、シンガポールへ修学旅行。生徒たちはシンガポールが初めて、海外旅行が初めて、そもそも飛行機が初めて。いやいや、私は担任を持つのが初めて。

そんな様々な「初めて」に不安を覚えつつ、当日を迎えました。

USS（ユニバーサル・スタジオ・シンガポール）での自由時間は乗り物乗り放題で、ふたを開けてみれば私の心配をよそに、生徒たちははつらつと過ごしていました。

負けずに楽しもうと思った私は、コーヒーカップに乗ってはみたのですが……。日本のものよりも回転速度が明らかに速く、急激に回り過ぎて気持ちが悪くなり、ひとり隅の方でダウンしていました……。


そんな修学旅行もドイツにはありません。

7年生から、英語の他に第2外国語を学び始めるのですが、選択肢は2つ。フランス語とラテン語のどちらかを選びます。

フランス語を選択すると、希望者は9年時にフランスのご家庭に10日間ほどホームステイに行くことができます。フランスはドイツの西隣に位置しており、バスで7時間ほど揺られれば到着します。フランス滞在中は、友達やステイ先のご家族と、ルクセンブルクのフランス語圏に足を運んだりすることもできます。両国のフランス語を聞くことによって、同じ言語であっても国が異なれば発音もボキャブラリーも異なる、ということを肌で理解します。

まさに、異国の景色を楽しみながら国際感覚を養うのです。


では、希望しない生徒はどうなるのか？　あるいは、ラテン語選択者は？

身もふたもない答えですが、学校に残って通常授業を受けます。当然ながら、その間も授業は進みます。補習もないので、ホームステイしている生徒は自力で授業内容に追いつくか、友達に教えてもらって追いつかなければなりません。

ホームステイするかどうかは本人の自由な選択。しかし、その間の授業内容については自己責任ということです。

ここでもドイツ流が徹底しています。

宿題がない

毎日の宿題に、夏休みや冬休みなどには山のように課される宿題。

生徒にとってはまさに強敵です。それを計画的に済ませる人もいれば、休みの最終日に慌てて終わらせる人もいます。あるいは、新学期が始まってから友達の助けを借りて写す人なんかもいて、それこそ十人十色の宿題模様です。

私は数学科教員なので、解いた内容を見れば、努力の跡が簡単にわかります。もちろん、解答を写したであろうノートもわかります。こう書くと、今、ドキッとしている人が何人もいると思います（笑）。

「宿題なんてなければいいのに」という想いは、きっと誰もが持っているでしょう。

そんな願望をまさに叶えてくれる国。それがドイツです。

ドイツには長期休み中の宿題がありません。しかも、バイエルン州など一部の州では法律で禁止されています。なんだか怖い感じもしますが、宿題を課すことは法律違反になるのです。無論、これにはしっかりとした理由があります。

ドイツでは、生徒にとって勉強は「仕事」という位置づけです。

だからこそ、休みはあくまでも休み。勉強という仕事はしないのです。また、勉強することは家族との時間を奪ってしまうという考え方もあります。5年生や6年生のクラスでは、長期休みに入る前に、一人ひとりが自分の休み中の予定を全員に向かって発表します。

印象に残っているところでは、こんな発表がありました。

「1週間デンマークに行って、そこで妹の誕生日会をするの。それが終わったらパリに行って、次はマジョルカ。最後にトルコに行ってドイツに戻る予定」

「3週間デンマークに滞在して、そこからイタリアに行くよ。そしてポーランドに寄ってからドイツに帰る」

とんでもなくワールドワイドです（笑）。

生徒たちがひととおり発表し終わると、最後に先生も発表します。

「私は実家に帰るわ」

私が所属していた研究室でも、金曜日の午後3時頃から小休憩と言いながらコーヒーを片手に、週末をどのように過ごすか語り合う場面がありました。

お互いの週末を知ることで、より楽しみに休日を迎えられます。

私にとっては、季節ごとの名所やドイツ人の休日の楽しみ方など、いろいろなアドバイスをもらうことができました。

視野が広がって、人生が豊かになった気もします。

休みをどのように過ごすのか、みんなで語り合うという習慣も、もしかすると学校で身につくものなのかもしれません。

2. 学校生活の「ない、ない、ない」に驚いた

ホームルームがない

行事の次は、日々の学校生活における「ない」を紹介します。

日本では、小学校には朝の会、中学校や高校ではＨＲ（ホームルーム）の時間が用意されています。私も朝のＨＲの際にクラス全員の表情を見渡し、体調などを確認することにしています。

しかし、ドイツには朝も帰りもＨＲの時間はありません。

1時間目が7時45分に始まるので、ほとんどの生徒が7時43分に駆け込み、慌ただしく着席します。

必要な事務連絡などは担任の先生の授業で簡潔に行われます。

13時10分には授業が終わりますが、終わった瞬間、クモの子を散らすように全員が帰路に着きます。13時12分には、もう教室は空っぽです。

号令がない

「起立、気をつけ、礼！」

朝のHRでは、号令係がどのようなトーンで号令をかけるかで、そのクラスの一日の過ごし方が変わる。そういっても過言ではありません。

私が号令係に求めているのは、声が出せることと遅刻欠席が少ないことです。朝一番の挨拶時に号令係がいない。代わりに誰がやるか、などと話し合っていたら間が抜けてしまうからです。

ドイツの授業に号令はなく、開始時の挨拶も先生によってまちまちです。

たとえば、ある先生が「Guten」といったら、生徒たちは「Morgen！」と応えます。英語でいう「Good Morning！」が完成します。

あるいは、先生が最初から「Guten Morgen！」まで言ってしまったときには、生徒たちは「Guten Morgen Herr/ Frau〇〇！（おはようございます、〇〇先生！）」

と応える場合もあります。

高学年になると、挨拶がないまま唐突に授業を始める先生もいます。

「この選択授業は全員やる気がないのは知っている。さあ今日は何をやろうか」

そんなことを話し始める先生もいるくらいです。

始まりと終わりの挨拶をしっかりと行う。まさに礼儀礼節は、日本が誇るべき姿勢であるといえますね。

掃除がない

学校生活の一部といえば、掃除です。

みなさんにも、教室、廊下、トイレ、特別教室など、日々お世話になっている校舎の様々な場所を、分担して掃除した記憶があると思います。

しかし、ドイツでは、業者が仕事として掃除を行います。

先にもお伝えしたとおり、生徒の仕事はあくまでも勉強であり、掃除は生徒の仕事ではないのです。

ある日、10年生の授業が終わったとき、ある生徒が先生に尋ねました。

「黒板に貼った教材をはがしましょうか？」

すると先生は、こう答えました。

「いや、やらなくていいよ。それは校長先生の仕事だから」

その生徒は、続けて次の質問を投げかけました。

「では、黒板を消しますか？」

先生は再び答えました。

「いや、それも校長先生の仕事だから」

このやり取りに、私は思わず呆気に取られてしまいました。


放課後の教室整備は、ドイツでは学校全体を管理する者の仕事なのです。せっかく生徒が気づいてくれたので、そのまま任せてもよいところを、ここまではっきりと分担するとは、ある意味シビアであるともいえます。

私はクラウスタール工科大学に協力してもらい、「日本渡航プロジェクト」を立ち上げ、運営していました。これは、応募者を厳正に審査し、合格した学生たちは日本各地で文化を研鑽する機会が持てるというものです。

日本の高校で、茶道や華道などの授業に参加したり、ドイツにはないHRに参加したり、日本の学校生活を体験してもらいました。

そのなかで、ドイツ人学生が一番印象に残ったと言っていたのが、まさにこの掃除でした。先生のいない教室で、誰が指示するわけでもないのに自らホウキで掃く人、黒板を消す人、机を運ぶ人と、声を出さず目線のみで役割分担ができる日本人生徒に感銘を受けていました。

グループで取り組む課題などの際に、自らできることを探してグループ全体に貢献できるように動く。

日本が誇れる教育を、掃除の時間に見つけることができました。

制服がない

多くの日本の学校で、当たり前に定められているのが制服です。

外国人のなかには、コスプレのひとつとして着用する人もいるくらい、日本の文化として認知されています。

私立学校のなかには、制服だけでなく、靴下、革靴、ワイシャツ、冬用コートなど、あらゆるものを指定にしている学校もあります。

そんな制服も、ごく一部の特殊な学校を除いて、ドイツにはありません。

生徒たちの服装は、Tシャツ、パーカ、さらには短パンと、何でもありです。

また、先生方についても服装の規定はありません。Tシャツにジーパンの軽装で授業に臨む先生もいらっしゃいます。

夏場はサンダルで授業する先生もいて、まさに自由そのものです。

企業で働く社会人も同様です。重役以外の社員は夏ならTシャツにジーパン、冬はオシャレなセーターと、とても自由度の高い軽装です。もちろん、スーツにネクタイを好むのであれば、それも個人の自由です。

各人が仕事のパフォーマンスが上がるように服装を考えればよい。

それは同時に、「強制しない自由」という考え方にもつながります。

校則がない

学校の規則、いわゆる「校則」は、どこでも同じようなものから、学校ごとの伝統的な規則まで、実に様々な内容があると思います。

男子であれば学ランの着こなしや髪型について、女子の場合には化粧の禁止やスカートの長さについて。その辺はポピュラーなものですが、なんと一部には、「恋愛禁止」という校則を設けている学校もあります。

無論、ドイツには校則もありません。

そうです。髪の毛を染めたり、ピアスを開けたり、もちろん、化粧もまったく問題ありません。10年生で髪の毛を緑に染めている生徒もいたくらいです。

強いて挙げるなら、学校内での飲酒は禁止です。

ドイツでは、ビールだけは16歳から、その他のアルコールは18歳から、誰でも自由に飲むことができます。10年生になると法律上は飲酒可能ですが、学校の敷地内では禁止されています。

ちなみに、喫煙も18歳から認められていますが、建物内での喫煙は、そもそも法律で禁止されています。

また、残念なことですが、稀に学校内で盗難が発生することがあります。

たとえば、貴重品の盗難が学校内で発生したとき、担任の先生は、誰の仕業かクラスの全員に問います。しかし、ここで犯人が名乗り出てくる可能性は低い。するると先生は、その後の犯人捜しを警察に委ねます。

学校が警察に通報し、刑事事件として扱うのです。

学校は勉強をする場所、教員の仕事は授業をすること。そして、事件の解決は警察の仕事。このような場面でも仕事の分担が明確化されています。

日本の学校では担任や学年主任を中心に解決を図り、犯人が特定された際には指導に入り、学校全体で生徒が更生できるよう共に歩んでいく方針です。これもまた立派な生徒指導であり、生徒の人格形成期を支える教育だと考えます。

ある意味、日本の学校は治外法権的性質を持っているともいえます。

あるいは、日本の学校とは「**社会に出るための練習の場**」であるのに対して、ドイツの学校は「**社会そのもの**」であるともいえるでしょう。

3. 勉強道具に驚いた

勉強する職人!? 筆箱

筆箱を使う点は、日本もドイツも共通しています。日本では、筆箱は中身が空になっていて、自分で別に買った鉛筆や消しゴムや色鉛筆などを、あとから入れるのが一般的です。鉛筆の濃さや色の種類などは学校から指定されてこそいるものの、何を買うのかは生徒の自由です。

他方、ドイツでは、あらかじめ必要な道具をすべてセットした状態で、筆箱が売られています。

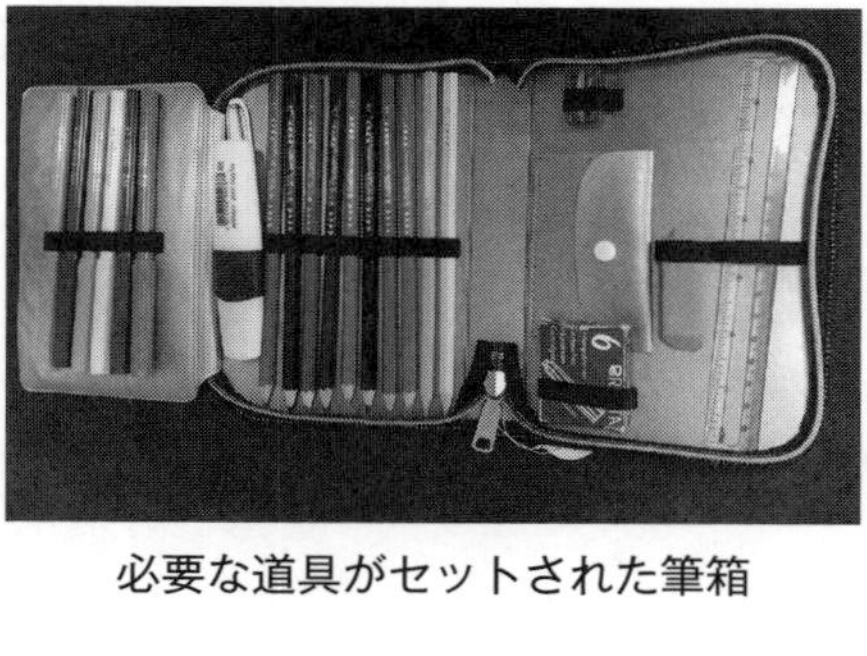

必要な道具がセットされた筆箱

写真を見ていただくとわかるように、職人の道具箱のような雰囲気です。

ドイツでは、他の西欧の先進国と比較して近代的な市民階級の発達が遅く、しかしその分、ギルドと呼ばれる職人組合の体制がしっかり整っていました。

そんな歴史が、筆箱のような道具にも引き継がれているのかもしれません。

基本的に、ドイツは自由を重んじ、日本は一体感を大切にする。そんな調子でここまでお伝えしてきましたが、こと筆箱に関しては、両者の考え方はお互いに入れ替わっているようです。なんだか不思議な感じがします。

一生使う!? 子供用万年筆

日本では、小学生は鉛筆。中学生以上になってシャープペンシル。そのあとはずっとシャープペンシルを使い続けます。ボールペンを使うことは、学校ではお勧めされません。

すでにお伝えしたように、その前提には消しゴム文化があるからです。

そんな文化の影響を深く受けた日本人には、社会に出てからもずっと、消せるシャープペンシルを好む人が多かったように思います。

ですから、フリクションペン（消せるペン）などは、いかにも日本人の発想だといえるでしょう。

他方、ドイツでは、大人も子供も万年筆を使う人が多いのです。

子供に万年筆なんて、ちょっと無理なんじゃないの？　そんな疑問を持たれた方もいらっしゃるかもしれません。でも、ご安心ください。ドイツには小学生用の万年筆があります。子供たちは早くからそれを使って書く練習をし、消さない文化の中で上達していきます。

ちなみに、この小学生用万年筆はものすごく書き心地がよいのです。密かに購入した私が言うのですから、間違いありません。

可能性が広がる!?　方眼ノート

筆箱、万年筆と続いたあとは、ノートについてお話します。

日本では、小学校低学年であれば科目ごとに体裁が決まっているか、または白紙の自由帳。高学年から中学生以上になると、横罫線のノートが一般的です。

しかし、ドイツのノートには細かな方眼が描かれています。

私は誰かにこのノートを説明するとき、「方眼ノート」という言い方をします。ここでもそれを踏襲させていただきます。

方眼ノートの使い方は基本的に自由。マス目を無視するのも、グラフや図形を描く際の助けとするのも、あるいは、まったく独自の活用方法を発明するのも、すべて使う個人の発想に委ねられています。

そうすることによって、生徒たちは使い方を考えます。

考えることによって、ノートの使い方＝可能性が広がります。

それは同時に、生徒たち自身の思考の可能性が広がることをも意味しています。

他にも、記録を付けたりメモを取ったり、あらゆるシーンで活用できる方眼ノートをオススメしています。

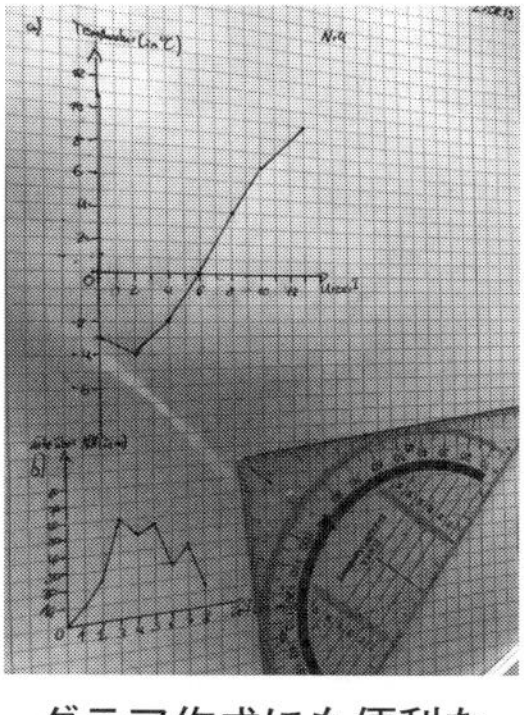

グラフ作成にも便利な方眼ノート

音読の助け!? ブックスタンド

最後に紹介させていただくのはブックスタンドです。

日本では、読書をする人が多い（最近ちょっと自信がないですが）割に、これを使って本を読んでいる人は少ないように思います。もちろん、みなさんこっそりご自宅で使っているのかもしれません。

電子書籍がさらに盛んになると、ブックスタンドの将来が危ぶまれます。

しかし、ドイツでは、そんな心配はまったく必要ありません。

写真のとおり、誰にとっても非常に使いやすいブックスタンドが、社会に広く普及しているからです。

使いやすいブックスタンド

ブックスタンドが日本で敬遠される理由のひとつに、なんだかんだいって両手が完全に自由にはならない点が挙げられます。しかし、ドイツのブックスタンドは見事にそんな悩みを解消してくれます。

両方のページがしっかりと固定されるため、手を放して読むことができます。

また、日本の学校でブックスタンドを使う場面を想像することはできませんが、ドイツの学校では多くの生徒が、早いうちから活用しています。

4. 授業の当たり前に驚いた

消しゴムは使わない!?

「跡が残らないようにきれいに消しましょう」

日本の授業でよく耳にする、間違えたときの消しゴムの使い方です。

消し方ひとつとっても、国が変われば様子が変わります。すでに紹介したペンや万年筆を使って計算問題に取り組んだ際、当然間違えることがあります。

そんなとき、ドイツではどのようにして消すのでしょうか。

日本とは違って消しゴムは使いません。間違った箇所に二重線ならぬ三重線、四重線を引いて消したことにします。

消すというよりは、黒塗りにするという表現のほうが妥当かもしれません。

当然ながら、文字や数字が残ってしまい、見ようによっては汚い印象を与えるかもしれません。それでもこのような消し方をするのには理由があります。

それは、あえて痕跡を残すことによって、**誤りへと至った思考のプロセスを、あとから振り返ることができる**ようにするためです。どんな間違いにも、そこには必ず何らかの理由があります。

特に数学であれば、単なる計算ミスなのか、問題の意図は理解していたものの式を立てることができなかったのか、あるいは、問題の意図を取り違えたのか。これら3つのパターンの違いは、結果こそ同じ不正解ですが、その意味合いはまったく異なるものになります。

自分の間違えた箇所を突き止め、「なぜ間違いに至ったのか?」と考える。

ドイツでは、そうした疑問を大切にします。

「なぜ?」の答えを自分なりに追究し、未来に活かすということです。日本では、ノートや試験の答案を作成する際に、自分だけでなく誰にとっても見やすくすることを意識します。また、試験の答案は採点者が理解しやすいように書くことを心がけます。

つまり、「人に見られたとき」のことを考えているわけです。

ドイツでは、間違いへと至った経緯を自ら理解したうえで、必要であれば人に説明できるようにします。

つまり、「自分がどう考えたか」を大切にしています。

ちなみに、フランスでも間違いを消さずに残すのですが、その理由はドイツとまったく異なり、「間違いもまた美学」ということだそうです。

間違いへの対処にも、各国の特性が表れているということです。

国	間違えたとき	考え方	他人に対して
日本	きれいに消す	人に見せるために美しく	理解してもらえるように
ドイツ	残しておく	至った経緯を把握する	説明できるように

板書は白一色!?

みなさんは、「わかりやすい板書」「見やすい板書」と言われたら、どのような板書を思い出しますか?

きれいな字でまとめられ、要所を色分けしてある板書でしょうか?

さて、下の写真はドイツの板書です。モノクロでわかりにくいと思いますが、先生は白一色で書いています。

「えっ大事なところはどこ？」

そんな疑問を抱いた方もいらっしゃるのではないでしょうか？

この板書の意図は、自分が大事だと思った箇所に、自分なりの色分けの仕方でマークできるようにしている点にあります。どの部分を重要だと理解するかは、個人の判断に委ねられます。

自分で判断させることで自立を育もうとする。

そんな姿勢が板書にも表れていることに、私は正直驚きました。

ちなみに、帰国後、思い切って自分の授業で白一色の板書を試してみたところ、「不親切ぅぅ！　わかりにく〜い！」と、猛批判にさらされました（苦笑）。

白一色の黒板

何でも答える生徒⁉

日本では、生徒の質問には教師が答えます。

毎回、授業の終わりには、「何か質問はありますか？」と教師のほうから生徒たちに呼びかけ、むしろ質問を促しています。

そうすることで、不明な点を明日以降に持ち越さず、今のうちに解消する。知識が生徒にしっかりと定着することを意識しているわけです。

しかし、ドイツには、教師に訊くという文化はありません。まずは生徒たちで解決すること、それが確固たる前提として定着しています。

訊かれた生徒は、知っていることは何でも答えます。そうすることで、自らの理解を深めることもできます。尋ねた生徒は足りない部分をしっかりと補強し、他のメンバーに追いつくことができます。

まさに、双方にとってのメリットが考えられています。

それでもわからなければ、初めて教師のところへ質問に出向きます。

こうしたやり方をすることで、生徒は自ら考える力を身につけ、教師は生徒が本当にわからないところだけに力を集中することができる。

まさに役割分担の発想が、ここにも見事に表れています。

ちなみに、ドイツの授業に関してですが、数学の場合には演習の量が非常に少なく、その分、ディスカッションに重きが置かれています。

答えを出すことも大事ですが、なぜその答えになったのか、なぜその式を使ったのか。その過程を説明できることが大事だと考えているからです。

そのせいか、ドイツ人には暗算の苦手な人が多いと感じます。例えば、私の研究室の上司も $124-57$ のようなくり下がる引き算の暗算ができませんでした。しかし、そのことをまったくマイナスと感じていません。

そもそも、目指す山がそれぞれに違うということです。

何でも食べられる!? 飲める!?

日本では、お菓子の持ち込み自体を原則禁止している学校が多いと思います。原則と書いたのは、バレンタインデーやハロウィン、あるいは、文化祭や体育祭の打ち上げなど、先生によっては目をつぶるときがあるからです。

私もクラスでハーゲンダッツを配ったことがあります。

日常的にお菓子を学校に持ち込もうとする生徒は、没収のリスクと戦いながらドキドキの時間を毎日過ごすことになります。

しかし、第1章で少し触れましたが、ドイツならそんなドキドキ感も無用です。お菓子、ジュース、何でも自由に持ち込めるからです。さらに、単に持ち込むだけではなく、授業中に飲食することも可能なのです。

6年生の授業中、私はある生徒に「日本では授業中に飲食することはない」と説明しました。するとその生徒は、「ドイツでは何でも食べてもいいんだよ」と教えてくれました。驚いた私の様子を見て、その生徒はこう続けました。

「今からバナナを食べるから見ていてね」

そして、下の写真のようにその様子を披露してくれました。

授業中にバナナを食べる！生徒

これはフランス語の授業中で、たしかに先生が注意することはありませんでした。稀に、飲むことだけを許可して、食べることについては禁止している先生もいますが、基本的には飲食は自由にできます。

「食べたいときに食べる。飲みたいときに飲む。無理に我慢はしない」

これもまた、ドイツに徹底している自由の原則です。

発熱した際に無理せず学校や仕事を休んだりする理由と同じで、何事も決して無理はしないのです。日本の女子高生がするような「食べないでダイエット」も当然ありません。

また、筆記試験中にグミやチョコレートを食べる生徒もいます。

その理由を訊いたところ、「頭を使うから糖分補給だよ」と答えてくれました。合理的なのか、こじつけなのかわかりませんが、生徒なりの理屈ですね。

常にベストな状態で授業に臨む。

生徒の軽食

そのサポートとして、飲食物を利用しているのです。

ちなみに、持ち込み品として多かったのはリンゴ、バナナ、パプリカ、そして人参でした。ハリボーグミ、チョコレート、パンも多かったですね。

「しなさい」は言わない!?

日本では、同じ目標があるのが当たり前です。

学校としての目標、学年としての目標、さらにクラスとしての目標。全員が共通の目線で、同じ方向を目指して進んで行くこと。まさに一体感を大切にする日本の教育の真骨頂です。

それは企業などで働く場合でも同じ。どんな組織にも目標があり、その達成に向けて協力する姿勢が、何より大切だと考えられています。

そして教師は、目指す方向とは異なる動きが少しでも見えると、生徒に対して「〇〇しなさい」と口にします。また、多くの家庭でも、「勉強しなさい」「早く宿題しなさい」といった言葉が飛び交っているものと想像します。

ドイツには、共通の目標はありません。

各クラスでルールを決めることはありますが、その内容はクラスによって本当にバラバラです。目線を合わせるという発想は微塵もありません。

ルールを決めるにあたっては、まずはその必要性から真剣に吟味します。クラス全員で意見をぶつけ合い、本当に自分たちに必要なものだけを厳選して定めます。

定められた内容に対して、教師は「じゃあ、これで行こう」と言うだけです。一切評価はしません。大切なのは「生徒自身がどう思うか」であり、それを教師がどう思うかはまったく問題ではないからです。

自分たちで決めて、自分たちで守る。自由と自己責任の原則です。

だからこそ、教師は決して「○○しなさい」とは言いません。するもしないもすべて、生徒の判断に委ねられているからです。

ちなみに、どんなルールがあるのかというと、「相手の発言には真剣に耳を傾ける」「発言するときには必ず手を挙げる」といったものが多いです。

日本では、こうした仕組みを取り入れるのはなかなか難しいと感じています。

5. 成績システムに驚いた

誰もが納得!? 評定設定

日本では、学校や先生が定めた基準にしたがって評定が決められます。そこに生徒の意向が入る余地は一切ありません。大学では、成績評定の基準を事前に開示するケースも増えていますが、高校までの段階では、まだまだ一般的なやり方にはなっていません。

ドイツでは、実に民主的な手法で評定基準が決められます。

毎年、新年度が始まる時期に、生徒代表ならびに保護者代表が、それぞれの教科の教師と話し合い、その年の評定基準を決定します。

今年の国語はこの基準で、しかし数学はこんな基準で……。

そんなやり取りが、関係者の間で毎年繰り広げられるわけです。
大きく基準が変動することはありませんが、それでも教科によっては各年度で多少の変化が生じる場合もあります。それはそれとして問題はなく、あくまでも話し合いで決めるという点に重きが置かれています。

自分たちも一緒に決めた基準だからこそ、それにきちんとしたがう。まさにここでも、自由と自己責任の原則が徹底されているわけです。

日本でも、面と向かって評定に不満を述べる生徒は少ないですが、それでも、内心では複雑な思いを抱えているケースも多いといえます。しかしドイツでは、自分たちの代表が参加して決めたことであり、だからこそ潔く受け入れます。

こうした点にも、日本が参考にすべき要素が含まれていると考えます。

発言が超大切!? 評定基準

日本では、評定基準の材料として、ペーパーテストの結果が重視されます。

そもそも、授業の形態が、教師が一方向的に講義し、生徒はそれを聴くというスタイルですので、テスト以外の要素を重視するのは難しい現実もあります。

せいぜい、授業中の「聴く」態度を一定程度加味するくらいのものです。

ドイツでは、「話す」の部分がものすごく重視されます。

前項でお伝えした方法で決められる評定基準は、科目によって差はあるものの、ペーパーテストの割合は30〜40%、残りの60〜70%は授業内での発言で決まります。授業の内容がディスカッション中心であることもすでにお伝えしたとおりですが、ここでの発言がカギになるわけです。

日本では、発言しないことは必ずしもマイナスにはなりません。

しかし、ドイツでは「発言しない＝何も考えていない」と見なされ、そうした**「考えていないこと」が最大のマイナス**であると受け取られます。

授業の流れを左右する重要な発言や、物事の本質を捉えた発言は高く評価されます。もちろん、他人をさえぎって自己主張だけを繰り返す態度も嫌われます。

手を挙げて発言の意思を示したうえで意見を述べ、相手の意見にも耳を傾け、そのうえで、全員で意思決定する。そうした民主的意思決定の訓練を、学校時代から、非常に厳しく鍛えられます。

評定基準のあり方も、その一環だと考えてよいでしょう。

存在しない概念⁉ 平均点

日本では、常に平均点が問題になります。

平均点が低ければ、そのテストは難しかったことになります。他方、平均点が高すぎるテストは、たとえば受験先を絞り込む際の参考にはできません。

自分が何点だったかよりも、平均点との比較で成績を理解する。そんな風潮も日本では非常に強いと感じています。

ところが、ドイツには平均点という概念が存在しません。

もちろん、考え方自体は誰もが知っているはずですが、現実に活用されている場面に出くわしたことがありません。

その理由として、平均身長を例にとって考えてみるとわかりやすいでしょう。

日本人男性の平均身長が170cmくらいとします。では、街を歩いている男性のほとんどが170cm前後でしょうか。そんなことは決してありません。あくまでも計算上の数字です。

つまり、平均という考え方は、その周辺に多くのサンプルが集まっているという誤解を与えかねないのです。

だからこそ、そんなものには意味がないとドイツの人々は考えます。

個々の違いを大切にし、それを受け入れて共生していくという発想にとっては、平均という概念はマイナスに働く可能性が大であるといえます。

「平均的な考え」というものが、違いの重要性を奪ってしまうからです。

ようするに、人は人、自分は自分ということです。

同質性の高い日本ではなかなかイメージできないかもしれませんが、正直なところ、私自身はこの考え方にうなずく部分が非常に多いと感じます。

落ちこぼれを出さないため!? 留年

日本では、留年という言葉はとてもネガティブに響きます。

そもそも中学校までは義務教育ですし、高校や大学でも留年する人はまだまだ少ないのが実情です。それは学校側が、「できるだけ留年させない」ことを大事にして、生徒や学生と接しているからです。

同質性が重視される社会にとって、ある意味自然な流れであるといえます。

ところがドイツでは、留年が必ずしも珍しくはありません。

しかも、ギムナジウムは日本でいう小学5年生からが対象ですので、早ければ11歳から留年を経験することになります。繰り返しになりますが、留年が続くとコース自体を変えなければならないという問題もあります。

それでも、日本ほどのネガティブな響きはありません。

なぜならば、そこには「落ちこぼれる生徒を出さない」という確固たる信念があるからです。理解が十分ではないのに進級させてしまうと、最終的に中身のない状態で社会に出ることになり、最後に困るのは生徒本人です。その学年で理解すべき内容をしっかり押さえた結果、次の学年へ進級すべきだということです。

ともすると日本では、「進級させること」自体が目的となり、生徒の理解レベルがなおざりにされてしまう恐れがあります。懸念すべき点です。

ちなみに、ドイツでの成績のフィードバックは、成績表と共に口頭で行われます。

クラス全員が見ているなかで、個々の生徒にそれぞれの評定が告げられます。ですので、留年したことも全員にわかってしまいます。私が経験したなかでは、先生に留年を告げられ泣いてしまった子もいました。

それでも、次に見かけたときにはケロッとして明るく振る舞っていました。内心はわかりませんが、そんな立ち直りの早さに救われると同時に、日本との大きな違いを深く実感した次第です。

6. 学校と家庭の関係に驚いた

学校の役目

ここでは日本とドイツの、学校を取り巻く関係性を紹介したいと思います。

左図は日本とドイツそれぞれの、学校、ご家庭、地域の相関図を表しています。

日本の学校は、担任の教師を始め、各教科の教師、進路指導の教師、生徒指導の教師など、様々な教師がそろっていて、進路相談や人間関係の悩み相談、教科の質問など、幅広く対応することが求められます。

他方、ドイツでは、地域は独立した存在です。いわゆる日本のような部活動はないため、たとえば「体育以外で、もっとサッカーがしたい」と思ったら、地域のクラブチームに所属する必要があります。

また、学校と家庭の関係性もはっきりしていて、**学校は勉強をする場所**です。

したがって、それ以外のしつけや将来の進路、悩み相談などはプライベートな事柄と見なされ、すべて家庭の役割となります。無論、学校も

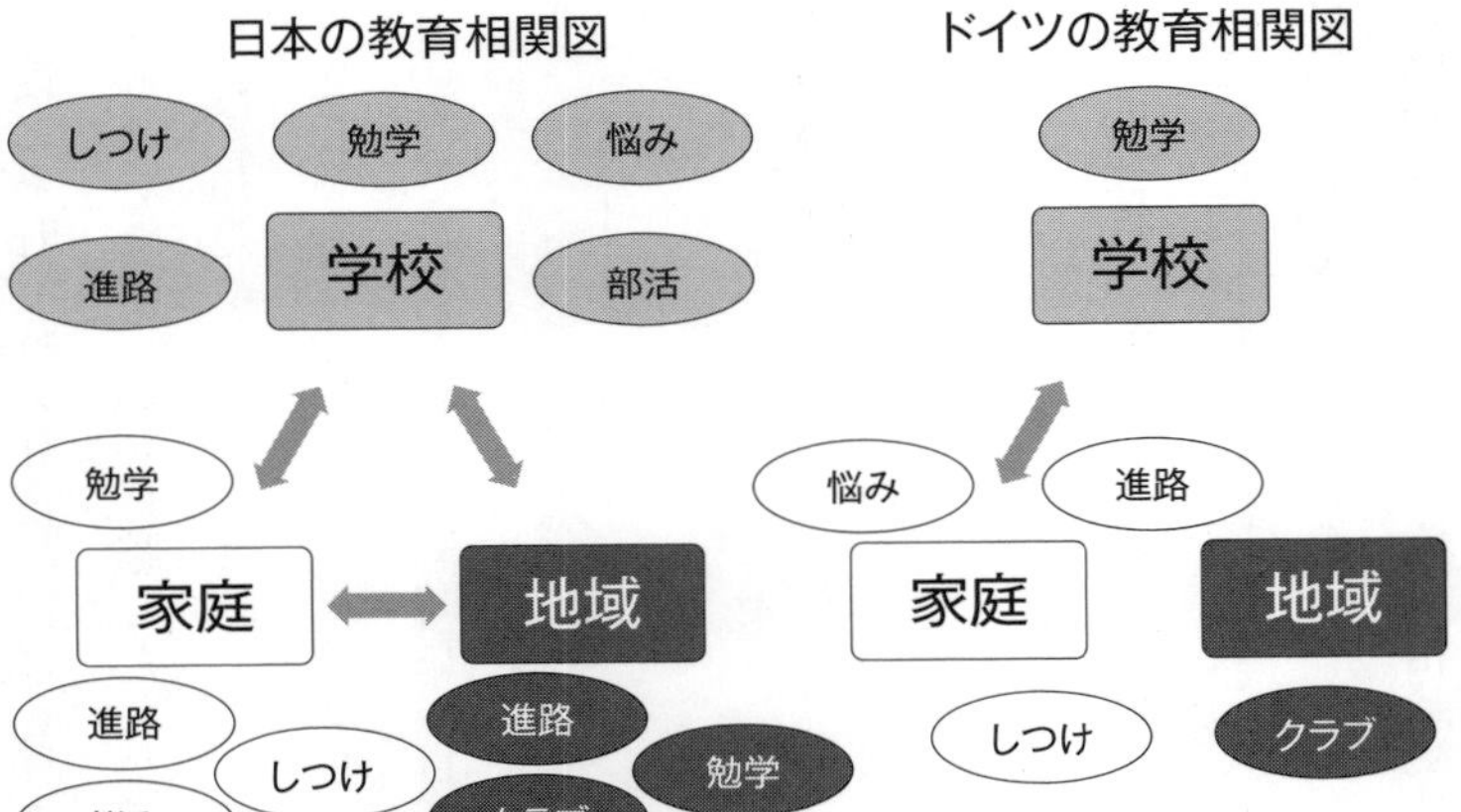

日独教育相関図

自立を育む教育を意識してはいますが、あくまで勉強を通して自立できるよう、授業の内容などを工夫するにとどまります。

ある日、8年生のクラスで化学の実験中に女の子同士がケンカになりました。4人のグループで実験する授業でしたが、ひとりの子が所属グループを離れて、他グループで話し込んでいました。それをよそに、残された子たちは実験を進めていきました。

すると、他グループから帰ってきた子が、「なんで実験を進めてしまったの？私もやりたかったのに！」と怒りました。しかし、3人のうちのひとりが、「あなたが他のグループに行ってしまって、いなくなったからいけないんじゃない！」と言い返しました。

最後は口論になってしまい、ついに両者共に泣き出してしまいました。

日本でも似たような光景がありますが、このような場面をいかに解決に導くか、教師の腕の見せ所となります。私はドイツの先生がどうするのか、その動向にとても興味がありました。

しかし、なんと……、先生は一切何もしませんでした。

生徒が2人大泣きしている状況に気づいていないわけはありません。しかし、チラッと視線を送るだけで淡々と実験を進めるのです。

私は思わず、授業後に先生に駆け寄り質問しました。

「生徒たちのトラブルには気づいていたでしょう？　それなのに、先生はなぜ声をかけなかったのですか？」

すると先生は、あっさりとこう答えました。

「もちろん気づいてはいたさ。でも、教師は生徒同士のプライベートな事情には立ち入るべきではないんだ」

受業中とはいえ、当事者同士の個人的なトラブルはプライベートとなるのです。8年生なりに、まずは当事者間でしっかり議論して解決を図り、それでも双方が納得できないようであれば、当事者が教師に仲裁や助言を求めに行きます。

そのとき初めて、教師が仲裁役として介入するのです。

学校は勉強をするところ、生徒のプライベートには関わらない。

この上なくはっきりした学校の姿勢のなかで、生徒たちは、トラブルを自分自身で解決する力を身につけていくわけです。

家庭の役目

さて、学校の役割が勉強を教える点にあるのだとすると、家庭でのしつけは、人格形成における重要な役割となります。

外出先での子供の行動は、親のしつけの責任。しつけはすべて、家庭の責任と見なされます。たとえば、学校で子供が暴力を振るってしまった場合、それは生徒の責任であると同時に、親のしつけも問題視されることになります。

「あの家はしつけがなってない！」

厳しく言うと、そんなレッテルを貼られてしまうことになります。

これは子供だけでなく犬にも当てはまります。

第1章で、犬も人間と同じ家族の一員と紹介しましたが、犬のしつけも当然に家庭の役割です。散歩中、すれ違う犬に向かってむやみに吠えることがあれば、飼い主のしつけの仕方が疑われます。噛みつくなんてもってのほかです。

まさに「自分の子供は自分で育てる」なのです。

言葉にするのは簡単ですが、日本ではなかなか難しい今日この頃です。

家庭のしつけ

そんなドイツの家庭でのしつけについて、お伝えしたいことが2つあります。

ひとつは、親の子供との接し方です。特に兄弟姉妹がいる場合の、親の子供に対する態度についてお伝えしたいと思います。

たとえば、日本で兄弟姉妹が同じ小学校に通っているとき、親は常に最年少の子供の視点で語ります。

「お兄ちゃんの保護者会もあるから……」

「お姉ちゃんのクラスはあとで行くことになるかも……」

しかしドイツでは、親は必ず、親の目線で言葉をかけます。

「あなたの保護者会に出席しなくちゃね」

「あなたのクラスには2時間目に行くわ」

こうした接し方をすることで、子供は他の兄弟姉妹、特に年少の兄弟姉妹を必要以上に意識することなく、物事を自分の問題として捉えるようになります。

個々の人格の独立＝自律が育まれます。

よくわからない理由で、「年上なんだから我慢して」という理不尽はないのです。

もうひとつは、犬や馬といった動物と触れ合う機会が非常に多いという点です。日本でも情操教育という言い方がされますが、動物に対するしつけを通して、子供が自分事として問題を捉える。「かわいいペット」ではなく「年下の家族」として、子供が率先して面倒を見てしっかりしつけていきます。その点は日本とは大きく異なっています。

犬を人間と同じに扱うことが、こうした点にも生きています。

地域が子供を育てる

ドイツでは、地域で子供を育てる文化がしっかり根づいています。

たとえば、公園で子供たちが遊んでいる様子を眺めていると、まるでトランプの神経衰弱のように大人と子供の組み合わせが入れ替わり、

誰もが自由に遊べるジャングルジム

誰が誰の子供なのかまったくわからなくなってしまいます。

基本的に、大人は少し距離を置いて子供の様子を見ているのですが、それでも年少の子供がやや難しい遊具を使う際などには、そっと大人がサポートします。

父親がその役目を担うのが一般的ではありますが、必ずしも自分の子供だけを守るのではなく、一緒に遊んでいる子供については分け隔てなく、大人が全員で支える雰囲気がしっかりと出来上がっています。


また、街中の書店に入ると、本が並ぶ棚の横にミニ滑り台が置いてあります。子供が滑り台で遊んでいる間に、親がゆっくり子供用の本を選べるように考えられていて、子育てをする親への配慮が考えられています。

書店に置いてある滑り台

ほんのわずかな工夫で、子供は育

ち、同時に親をサポートすることができるというわかりやすい場面でした。

子供が子供を育てる

地域が一体となった子育てには、大人だけではなく子供同士も含まれます。年上の子供は年下が遊ぶのを助ける。もちろんそこには、自分の兄弟姉妹だけを大切にするという雰囲気はありません。基本的には弟や妹の相手をしながらも、他の子供とも一緒に遊び、必要に応じてサポートを行います。

こうした振る舞いが、前述した「しつけ」にもつながっていくのです。

年上の子供が、一生懸命に年下の子のブランコを押している様子を何度も目にしました。あるいは、すべり台で遊ぶ際に、年下の子が落ちないように後ろから支えてあげる光景にもたくさん出会いました。

無理やりではなく、そうするのが当たり前という顔でやっていました。

そのことが、何よりも私の印象に残りました。

純粋に遊びたい物で遊び、同じ想いで集まった子なら年齢に関係なく助けることによって、子供たちはそこで最初の人間関係というものを学びます。いわば、そこには**子供たちの「社会」**があるわけです。
そのような小さな「社会」が、私はやはり必要だと思っています。

7. 教師の働き方に驚いた

2分前出勤‼


本章の最後に、ドイツの教師についてお伝えしたいと思います。

ドイツにはHRがなく、生徒はみな始業時間の2分前に慌ただしく着席する。

そんなことをお伝えしました。

しかし、それは生徒だけのことではないのです。

ドイツでは、教師もまた2分前出勤が当たり前です。ほとんどの教師が車での通勤で、少し早く着いて駐車場を眺めていると、同じタイミングで何台もの車がなだれ込んでくる様子を目にすることができます。

学校に着いたらすぐに授業。

ダラダラと朝の時間を過ごすことなどまったくありませんし、日本のように、授業以外の仕事に追われることもありません。

きわめて合理的な考え方であると、驚きと共に深く感心した次第です。

とはいえ、帰国後に試してみる勇気はもちろんありませんでした。

赤ちゃん in 教室!!

女性の教師は、もちろん子育てをしながら仕事を続けます。

日本では母性保護制度が充実し始め、公立の学校はもちろん、私立でも十分な産育休を取れるところが増えてきています。

子供は家で育てるもの。そうでなければ保育園に入れる。

働く場合は保育園を探して任せるし、そうでなければ、少なくとも3歳までは家庭でしっかりと育てていく。ドイツもその点では大きな違いはありません。しかし、日本のように職場と子育てとを完全に分離するという、そこまでの雰囲気はないように私は理解しています。

その証拠に、ある先生が2歳の子供を学校に連れてきたことがあります。

もちろん、遊びに来たのではなく、授業をしに来たのです。授業はしっかりと行いながら、生徒たちが問題を解いている間に子供の世話をする。

そのことを不謹慎だと責める人は誰もいません。

むしろ、ほとんどの人が温かくその光景を見守っています。

待機児童の問題が強く叫ばれる日本。ドイツにも州によって似たような問題はありますが、職場と子育てとの接近を、もう少し柔軟に考えてもよいのでは？

そんなことを考える貴重な経験になりました。

家族は最優先!!

日本もそうかもしれませんが、ドイツでは何があっても家族が最優先です。念のために繰り返し申し添えておくと、ドイツでは犬も大切な家族です。したがって、その大切な家族に何かあった際には、もちろん最優先に考えます。

犬が風邪をひいたので、今すぐ病院に連れていく。

日本でもそれが理由で学校を休む先生はいるかもしれませんが、おそらくは自身の体調不良などの理由をつけて、有給休暇を取得するはずです。堂々と犬の風邪を理由にすることには、多くの人が抵抗を覚えるでしょう。

ドイツと日本の違い。そう簡単には言い難い、実に深い問題です。

特に日本は、高度経済成長と共に、仕事を物事の中心に据える考え方が社会に広く蔓延したように感じています。単身赴任なども、ドイツではまずあり得ない発想です。家族は一緒に暮らしてこそ家族、というわけです。

もちろん、好きで単身赴任している人は日本にもいないでしょう。

それでも、まだまだ仕事が価値の上位にきています。そのことの意味を、また自分なりに考えてみたいと思っています。

免許は2教科以上!!

日本では、中学校と高校の教師は、基本的に1教科の免許を取得します。

私は数学の教員免許を取得していますので、数学だけを教える。他の教科まで教えることはできません。

しかし、ドイツでは、教師は2教科以上の免許を取得します。

数学と物理、あるいは国語（ドイツ語）と体育というように、複数の免許を取得することが求められます。

担当できる科目が多いと、教師間での融通が利くという、働くうえでのメリットがあります。その半面、個々の科目の専門性は、日本と比べるとやや低いようにも感じています。

前にも述べたとおり、求める山が違うからなので、どちらか一方だけがすぐれていると言いたいわけではありません。

少なくとも私は、数学の教員だけでお腹いっぱいだと感じています（笑）。

有給30日!!

日本では、基本的には年間の有給は20日です。

勤続年数に応じて、さらに多い日数を限度としている組織もあると思いますが、いずれにせよフルに消費する人はほとんどいません。それを許容する雰囲気も、まだまだ薄いというのが実態です。

もちろん、簡単に「みんなで休もうぜ」と言うつもりもありません。

ドイツ社会の有給は年間30日もあります。

しかも、それは個人に与えられた権利ですので、みんなしっかりと有給休暇を費消します。それが当たり前という雰囲気です。

さらに驚くことに、かぜやケガで欠勤した日は有給休暇に入りません。休暇は家族とリフレッシュするために存在していると考えます。

誰もが休むから、必然的に自分も休みやすくなる。

誰もが休まないから、自然と自分も休みにくくなる。

こうして原稿を書いている私はというと、学校内で仕事、学校外でも仕事です。

ちょっと聞いて！②

連絡のない連絡帳

みなさんは、学校で連絡帳を使っていましたか？　時間割、ご家庭からの連絡事項、あるいは担任からのコメントなど、実に様々な事柄を書き込むノートです。

ドイツにも次ページの写真のような連絡帳があります。

上段は木曜日と金曜日の時間割です。下段は保護者と担任のコメント欄です。

あれっ……、肝心のコメント欄が白紙ですね。

ドイツでは、1週間しっかり学校生活を送ることができ、ご家庭でも健やかに過ごすことができた場合には、特に問題とすべき点がないので先生もご家庭もコメントはなく、ただサインだけを書くことになります。

つまり、白紙であることが何より素晴らしいことなのです。

日本ではどうかというと、褒められることや達成したことがあれば真っ先に記載します。

そうではなくとも、何かしら記載することによって、学校やご家庭での様子を共有します。問題点とコメントの量が比例するドイツ。よい点も課題点も同じくコメントする日本。連絡帳の役割もまったく異なりますね。

ドイツの大学で研究する方やドイツ企業で働く方は、この点をぜひ心に留めておかれることをお勧めします。

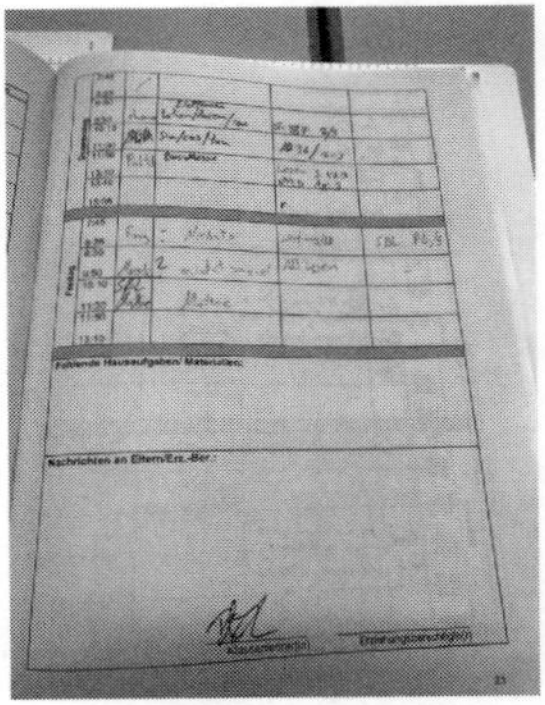

サインだけの連絡帳

「教授や上司が何も指摘してこない」

これが、あなたへの何よりの好評価の証なのです。

第3章

生徒の和辻、ドイツの授業を受けてみた！

1. 登校「自由」な指定席

日本では、教室の座席は固定です。

一般的な席の決め方は、おそらく「くじ引き」。行事や定期試験が終わったタイミングなど、節目に席替えすることが多いと思います。生徒も教員も気分転換ができると感じています。

ドイツでは、生徒は登校した順に好きなところに座ります。

ただし、決め方にはひとつだけルールがあります。全員が座ったあとに改めて、これで本当に問題がないか、異論のある生徒はいないかを確認するというものです。

好みが重複すれば、議論によって解決し、

好きなところに座って授業を受ける

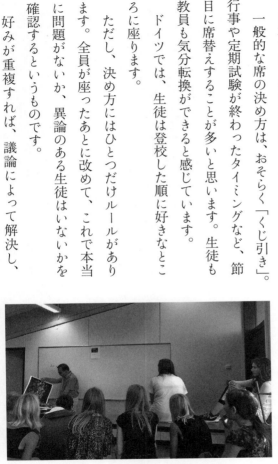

各々の座席が決まります。

権利の平等がドイツであるとすれば、機会の均等が日本ということになります。

2．1時間目　電卓を使う「数学」

関数電卓

日本の教室では、残念ながら電卓の出番はありません。

必死に手を動かして計算する。そうやって答えを導き出すことに意味がある。プロセスを体験するからこそ知識になるというのが、日本の考え方です。

しかし、ドイツではそこに重きを置きません。機械でできるものは、基本的に機械の力を利用する。きわめてドイツらしい、合理的な考え方です。

そうして7年生の教室に登場するのが、ここで紹介する関数電卓です。関数電卓とは、通常の電卓で可能な四則演算の他、二次関数や三角関数などの計算やグラフも示すことができる電卓です。「$y=x^2$」といった関数の計算や、グラフの表示

も

卓に任せるのです。

値段は日本円で14000円程度とけっこう高いのですが、ずっとお世話になる道具なので、みんなこの電卓を使います。

ドイツで大切なのは、なぜその計算式になるのかを相手に理解してもらえるように、論理的に伝えること。やはり、論理性と表現力が重視される国ということです。

グラフも表示できる関数電卓

数字の書き方

国が変われば、いろいろなものが変わります。そんなに改まって言うほどのことではありませんが、ここではそんな違いのひとつとして、数字の書き方を紹介します。

もっとも特徴的なのが、「1」と「7」の書き方です。

写真が示しているとおり、ドイツの「1」は日本の「7」にとても似ています。「7」の場合は長い線のほうに斜めの線が交差する形で書き加えられており、そこで両者を区別することができます。

日本でもしばしば、「1」と「7」との混同が起こります。

私自身も生徒の答案を採点する際などに、どちらの数字なのかが判別できず、頭を悩ませることが少なくありません。この悩みに共感いただける方は、きっと多いものと信じています。

そんな不確定な要素をできるだけ排除すること。

こうした点にも、ドイツの人々の合理性を認めることができます。これでみなさんがドイツで数字を見ても戸惑わないと思います。

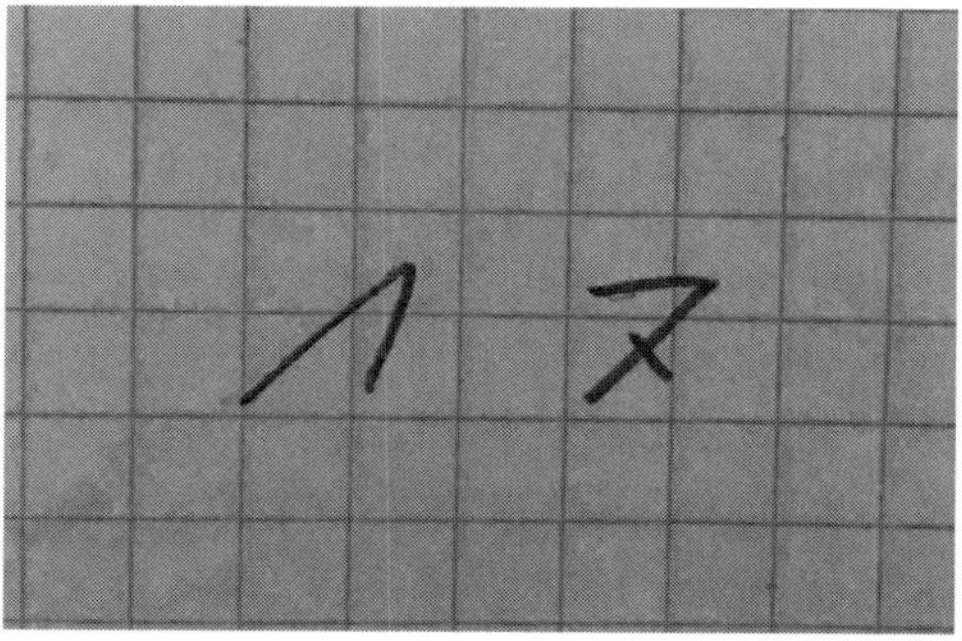

ドイツの1と7

方程式の解き方

数字の次は、方程式の解き方の違いです。

日本では、左辺から右辺へと移項する、などの技術を使って方程式を解くのが一般的ですが、ドイツにはこの移項という考え方がありません。

次の図に示したとおり、ドイツでは余計なものを「消す」ことを考えます。最終的に「ax＝b」という方程式に持っていくためには、左辺にある「＋2」と、右辺にある「3x」が邪魔になります。だからその邪魔者を消すのです。そこで、両辺に「−3x−2」という式を導入します。

その結果、左辺には「3x」だけが、そして右辺には「−6」だけが残ります。このようにして、「x＝−2」という解答を導き出します。

ある意味、非常に合理的なやり方であると私は感じます。移項という考え方はひとつの手法、ないしは「決め事」に過ぎません。つまり、絶対的な理論ではないということです。この点を理解することが大切だと感じます。

ちなみに、日本では中学2年と高校1年のクラスでこの方法を紹介しました。ブーイングと感動、その反応は実に両極端のものでした（笑）。

日本

移項

$6x+2=3x-4$

$6x=3x-4-2$

移項

$6x-3x=-4-2$

$3x=-6$

÷3

$x=-2$

ドイツ

やることを
右側に書く

$6x+2=3x-4$	: $-3x-2$	左辺の2を消し、右辺の$3x$を消す
$3x=-6$	: ÷3	÷3
$x=-2$		

日本とドイツの方程式

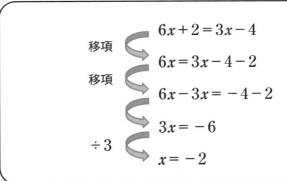

身近な文章問題

1時間目の最後は、数学の文章問題についてです。

数学の問題のなかでも、多くの人が頭を悩ませる文章問題。計算自体ではなく、問題を正確に読み解くことに困難を覚える人が多い。

それが数学科教員としての偽らざる実感です。

だからこそ、ドイツでは身近なものを文章問題に取り入れます。

冬が厳しいドイツには欠かせない、マフラーなどの防寒具。あるいは、ドイツの朝の食卓には必ず出てくるバターや牛乳など。

これらのものを題材として、「20%引きになったら何ユーロか？」「30%引きで35ユーロだと元値はいくらになるか？」などといった形で、実にアットホームな文章問題が作られていきます。

答えを求めるやり方は日本と同じですが、親近感はまったく違います。

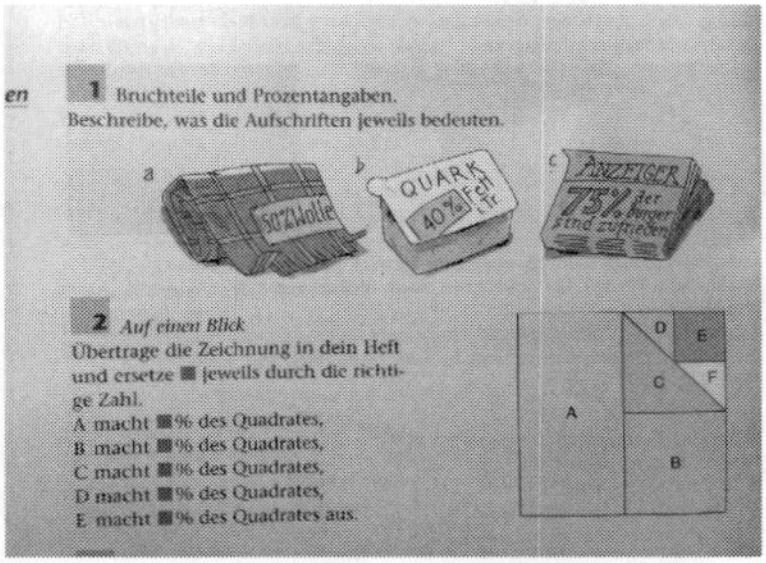

身近な日用品に溢れる数学の教科書

私としては、ドイツ式のほうが問題を解ける確率も高くなるのではないか。そんなことを思ったりもします。

3．2時間目 爆発実験の「化学」

契約の練習

2時間目は化学の時間です。

それがどうして「契約の練習」の話題になるのか？ まずはその点について、見ていくことにしましょう。

ドイツでは、年度の初めに実験に際しての注意事項が配布されます。

A4の用紙に箇条書きで記されており、

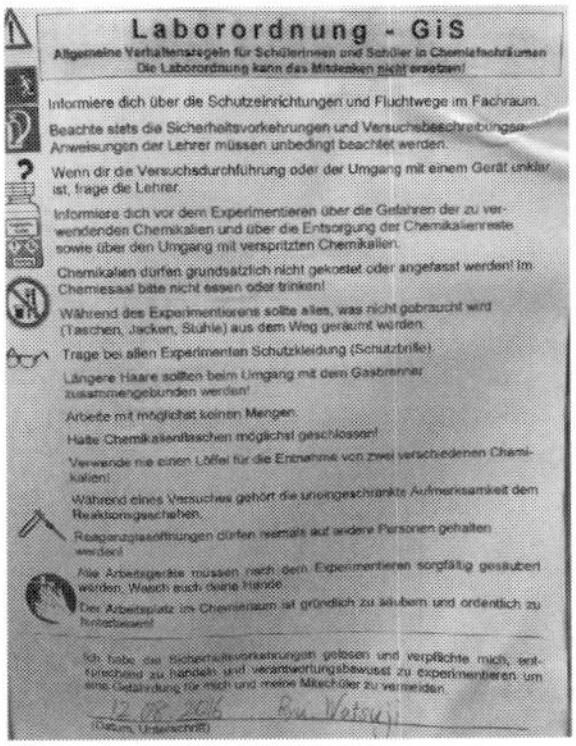

Laborordnung - GiS

Allgemeine Verhaltensregeln für Schülerinnen und Schüler in Chemiefachräumen
Die Laborordnung kann das Mitdenken nicht ersetzen!

Informiere dich über die Schutzeinrichtungen und Fluchtwege im Fachraum.

Beachte stets die Sicherheitsvorkehrungen und Versuchsbeschreibungen. Anweisungen der Lehrer müssen unbedingt beachtet werden.

Wenn dir die Versuchsdurchführung oder der Umgang mit einem Gerät unklar ist, frage die Lehrer.

Informiere dich vor dem Experimentieren über die Gefahren der zu verwendenden Chemikalien und über die Entsorgung der Chemikalienreste sowie über den Umgang mit verspritzten Chemikalien.

Chemikalien dürfen grundsätzlich nicht gekostet oder angefasst werden! Im Chemiesaal bitte nicht essen oder trinken!

Während des Experimentierens sollte alles, was nicht gebraucht wird (Taschen, Jacken, Stühle) aus dem Weg geräumt werden.

Trage bei allen Experimenten Schutzkleidung (Schutzbrille).

Längere Haare sollten beim Umgang mit dem Gasbrenner zusammengebunden werden!

Arbeite mit möglichst kleinen Mengen.

Halte Chemikalienflaschen möglichst geschlossen!

Verwende nie einen Löffel für die Entnahme von zwei verschiedenen Chemikalien!

Während eines Versuches gehört die uneingeschränkte Aufmerksamkeit dem Reaktionsgeschehen.

Reagenzglasöffnungen dürfen niemals auf andere Personen gehalten werden!

Alle Arbeitsgeräte müssen nach dem Experimentieren sorgfältig gesäubert werden. Wasch auch deine Hände.

Der Arbeitsplatz im Chemieraum ist gründlich zu säubern und ordentlich zu hinterlassen!

Ich habe die Sicherheitsvorkehrungen gelesen und verpflichte mich, entsprechend zu handeln und verantwortungsbewusst zu experimentieren, um eine Gefährdung für mich und meine Mitschüler zu vermeiden.

12.08.2016 Ru Watsuji
(Datum, Unterschrift)

実験に関する提出書類
（私もサインした）

クラス全員で内容を読み合わせます。末尾に「理解した」という言葉と共にチェック欄が用意されており、生徒たちはそこにチェックを入れることに加えて、サインも書き添えます。

このような手続きを経ることが、契約の練習になるという考え方です。サインをする以上、中身をしっかり読んで納得すること。それをやらないと、後々大変なことになるかもしれない。そんな緊張感を持たせるわけです。

もちろん、未成年の行為なので法律上の効力はありません。

しかし、教師にとっては、万が一の事態が起こったときの証拠にはなります。日本でいう小学5年生からすでに、契約に対する意識を醸成していく。まさに契約大国ドイツならではの仕組みであると感じています。

水素爆発

日本では、その危険性から学校の実験で水素爆発を行うことは稀です。

しかし、ドイツでこの実験は決して珍しいものではありません。もちろん、事故につながるような大きな爆発は起こしません。

6年生の授業で、風船に水素を入れて天井に浮かせる。そこに生徒が火をつける。

実際に爆発する様子を目にすると、ほとんどの生徒がキャーキャー騒ぎます。まさにこの点に、水素爆発実験の意図があります。水素というものがどれくらい危険なものなのか、実際に見せて理解させることが目的なのです。

文字どおり、「百聞は一見に如かず」というわけです。

無論、安全を重視する姿勢に異を唱えるつもりはありません。

それでも、**リアルな体験によってイマジネー**

風船に水素を入れる先生

ションが育まれる。それが真実の場合もあると思うのです。

日本の教育にも、大いに参考になるところだと私は感じています。

カラメル作り

読んで字のごとく、カラメル作りの実験です。

砂糖を焦がして黒くする。ただそれだけを行う、実にシンプルなものです。

全員が白衣を着ることもなく、ゴーグルも着けません。自由な雰囲気の中で実験は進んでいきます。どうしてこんな実験をするのでしょうか？

緩やかな雰囲気に流されて、隣のグループと話をする生徒が出てきます。

目の前の砂糖を放っておいた結果、真っ黒に焦げてしまいます。

結果が出たグループと出なかったグループ。どうして違いが生じたのか？ ゴールへとたどり着けなかったグループがそこから何を得るのか？

日本だとそんな風に話は進んでいきますが、ドイツでは違います。

実際のところ、ドイツの先生はそこまで深く考えていません。

私なりには、自由が持つひとつのマイナス面の表れであると、この実験の意義を整理しています。一つひとつ段階を区切って足並みをそろえる日本の画一性が、むしろプラスに映る場面でした。

試験管破壊

最後に紹介するのは、試験管の破壊についてです。

ドイツでも試験管を使った実験をたくさん行います。日本では、先生がしっかり全員を見渡して進めるので、破損はあまり起こりません。

しかし、ドイツでは、あちこちで試験管が割れる様子を見ます。

写真のように、試験管を直接ガスバーナーにかざす生徒が非常に多いからです。割れた試験管はすぐにゴミ箱行きになるか、生徒のおもちゃとして遊ばれるか、そのいずれかです。

そんな光景を見ていると、ていねいさを育む日本の教育の利点というものを、

長時間炎に当てると試験管は破損する

強く感じずにはいられません。道具をおろそかにしないこと。そして実験手順をしっかりと守ること。

少し話は大きくなりますが、東西ドイツ統一後に限ると、ドイツよりも日本のほうがノーベル賞受賞者を多く輩出しています。日本の教育の利点がこの結果につながっていると、私自身は考えています。

4．3時間目　だからできるようになる「英語」

使える物は何でも使う

3時間目は英語です。

ドイツ人は、第二外国語として英語を話す人たちの中では、英会話力が高いとされています。もちろん、人によって濃淡はありますが、私自身もそのとおりだと感じています。

しかし、そんなドイツの英語の授業に、私が引っ張りだこで様々な学年に呼ばれました。自己紹介や日本の文化や習慣などの紹介、それに簡単な質疑応答を英語で行いました。

ご多分に漏れず、私の英語も文法重視の日本人英語です。ドイツの生徒たちにとって、決して聞きやすいはずがありません。

授業が終わったあと、私をゲストとした理由が何なのかを先生に尋ねました。答えを聞いて、とても納得しました。

日本人なまりの英語を聞くことに意義がある、ということでした。

世界には、必ずしもきれいな英語を話す人ばかりがいるわけではありません。

つまり、特徴ある英語を理解し、どんな環境下でもコミュニケーションを図っていく力が生徒たちに求められるということ

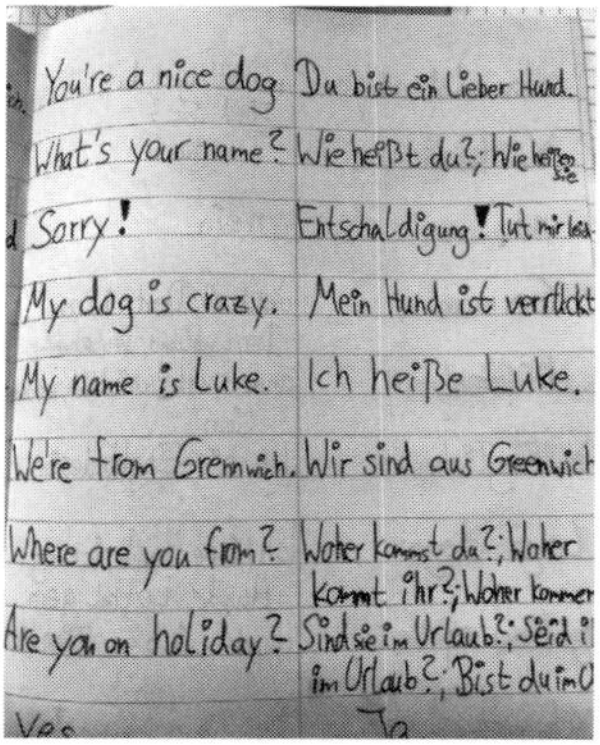

英語と独語の対応ノート。My dog crazyがドイツ人らしい

と。だからこそ、日本人英語は格好の材料だったのです。

ちなみに、ある先生の授業では、生徒が授業に遅刻してきたらその理由を英語で説明させる徹底ぶりでした。

通底するコンセプトは同じで、空間や環境など、すべてを授業のネタとして使う。そこにも私は、ドイツ人の合理性を非常に深く感じました。

「生の英語」の意味

イギリス英語のようなきれいな英語は、「理想」ではあるものの、決して「現実」ではない。つまり、「生の英語」ではない。

ドイツの人々は、英語をめぐる現実をそのように理解しています。

だからこそ、私がゲストとして呼ばれたりもするのです。

アメリカ英語や日本人英語、あるいはインド人やアフリカ人独特のなまり。それらの違いに触れ、すべてが「生の英語」であることを理解し、その**現実に対応できる真の英語力**を身につける。

それがドイツの英語教育の大きな狙いになっています。

前項で遅刻の話を紹介しましたが、他にもトイレに行く際や中間成績発表の際など実に様々な場面で、不意に先生から英語を使うよう求められることがあります。

アドリブだろうが何だろうが、とっさの判断で英語を駆使する。

それもまた、もうひとつの「生の英語」教育のあり方です。日本では発音やアクセントがきれいな英語が重宝されますが、どんな英語でもとにかく**言葉にする意識**を優先させる方法もありだと思います。

さあ、この私のアイディアに対する感想を英語でどうぞ！

英語で授業する私

発信の英語

真の英語力を身につけるために、ドイツでは発信を重視します。繰り返しになりますが、日本ではきれいな英語や正しい英語「を」話すことが重視される一方で、ドイツでは、語るべきことを英語「で」話す姿勢が何よりも大切にされています。

英語「を」話すよりは、英語「で」話す、ということです。

8年生の授業では、「アメリカについて」プレゼンする課題が出されました。文字どおり、アメリカのことであれば何でもいいのです。ニューヨークやボストンという街について、あるいはWWE（World Wrestling Entertainment）というプロレス団体について、WTC（World Trade Center）の歴史について、そして自分が好きではまっているミュージシャンについてと、まさに何でもありでした。

日本では「アメリカの〝歴史〟について」といった感じで、とかくテーマを限定する傾向にあります。

私はドイツの発信力重視の点を、非常に魅力的だと感じました。何より、日本ではありがちな手段と目的の転倒が起きていません。自由を尊重するドイツゆえの、すぐれたところだといえます。

　ちなみに、英語の苦手な生徒が「ドイツ語でいいですか？」と尋ねます。

　すると先生は、「それを英語で言ってみて」と返します。このようなアドリブに触れると、先生はまさにＭＣ（master of ceremony）の役割を果たしていることがわかります。

　苦手な生徒には、自然と周りの生徒がサポートするようになります。

　このようにして、クラス全体が「発信する英語」を身につけていくのです。

様々な質問と答えが作れる英語の教科書

苦手意識を分析

　先ほど、ドイツの人たちは英会話力が高いと書きました。

しかし、ドイツ人自身は、自分たちの英語のレベルがそれほど高いとは思っていません。

そう考える理由は、隣国のオランダにあります。

公用語はオランダ語ですが、なんと国民の90%以上が英語を話せるというデータも存在します。

研究室の出張先でオランダ人研究者やビジネスマンと会話する機会がありましたが、たしかにみんなとても流暢に英語を話していました。

ある先生の分析によると、英語という言語は文法上の自由度が高い。たとえば、「buy」という動詞を置いたときに、それだけでは主語が「I」か「You」かわかりません。一方、ドイツ語では人称によって動詞の形が変化するため自由度が低いのです。同時に、動詞を聞けば自ずと主語がわかるので、会話するうえで主語を省略することができます。

英語は主語と動詞をセットにする意識が必要。だから難易度が上がる。そんな分析をしていました。

それが正解かどうかは別として、たしかにドイツ語に慣れてくると、だんだん

「私は」という主語を言わなくなった自分に気がつきました。

ちなみに、「買う」だけでは主語がわからない日本語も、自由度が高いといえます。

5.4時間目　授業科目としての「自主学習」

内容の自由

ドイツには「自主学習」という時間があります。

ドイツ語では「Selbstbestimmtes Lernen」となり、頭文字を取ってSBLと呼ばれます。日本語に直訳すると、「自分で最適な学習をする時間」という意味になります。

日本のいわゆる「自習」の時間とは性格が大きく違っています。

SBLのルールは、「宿題をやってはいけない」という以外に何もありません。あとは1コマ80分を自由に使うことが許されています。

生徒たちは慣れたもので、本当にバラバラに好きなことをしています。苦手な科目に集中する、あるいはプレゼンの準備を進める。そんな過ごし方をする生徒もいます。また、他の生徒と一緒に熱い議論を戦わせている。そんな光景に出くわすこともあります。

私と写真を撮ったり、ひらがなの書き方を習いに来たりする生徒もいました。私とツーショットを撮るのも自由です。ただし、その時間の使い方は自己責任です。どこまでもドイツ流が貫かれています。

場所の自由

内容の自由だけでなく、場所の自由も認められているのがドイツです。日本の自習では教室から出ないことが前提ですが、そんなルールはドイツにはまったくありません。教室で勉強してもけっこう。図書館で調べ物をするのもけっこう。校庭でひなたぼっこをしながらでも問題なし。ただし、教室の外に出る場合は、教師にその旨を告げる必要があります。

もちろん、教師がそれを止めることはありません。

ただ、生徒がどこにいるのかを把握しておくための報告です。

たとえば、誰かが「グループでディスカッションしたいから、カフェテリアでやりたい」と言ったとしても、教師は当然に許可します。

「生徒のパフォーマンスが上がるのなら、それでよいではないか」

それがドイツの先生方の発想です。おしゃべりしすぎて時間をムダにしたとしても、すべては自己責任ということです。

人数の自由

グループの例を出したように、ドイツでは人数もまた自由です。

ひとりで勉強したい人はそうすればよいし、他の人と一緒がよければ、それでもまったくかまわない。途中でグループを変えてもかまわない。いずれにせよ、すべては生徒個人の判断に任されており、生徒同士も仲間の自己決定を尊重します。

日本だと、ひとりを選べば「自分勝手な人」と言われかねません。

あるいは、「空気読んでよ」と批判する人も出てくるでしょう。

それが高じると、いじめや仲間外れのような問題が生じてしまう。もちろん、集団でまとまることによって、組織に一体感が生じる点は日本のメリットです。しかし、その分だけ、自律性の面がどうしても薄くなってしまう。

武道にもある「間」を読む日本と、個人主義を基本とするドイツの大きな違いが、授業の過ごし方からひしひしと伝わってきました。

時間の自由

最後に見ていくのは、時間についてです。

内容も場所も人数も自由なのですから、当然に時間も自由です。といっても、1コマ80分はもちろん動かせません。ここでいう時間の自由とは、配分の自由を意味しているとお考えください。

途中で科目を変えて時間を分割するのもあり。

あるいは、ショートブレイクを挟んで続けるのもあり。

ここでもやはりコンセプトは自己責任です。進め方で問題が起これば、まずは生徒同士で解決します。先生は、何かを尋ねられれば答える。そのスタンスは、自主学習の場面でも徹底しています。

自由と自律と自己責任という三位一体

それをグレードに応じて身につけさせるのが、ドイツの教育に他なりません。日本では、教師がそれら3つのすべてに責任を持ちます。

教師は常に正しい。そんな誤解が根底にあるのかもしれません。

これは私見に過ぎませんが、教師といえども人間です。だから、間違うことも当然にあります。それをネガティブに考えることは、教師と生徒の双方に、マイナスに働くことが多いと感じています。

教師は負担が、生徒には依存心が、増えてしまうからです。

もちろん、ひとりの教員として責任の重さから逃げるつもりは毛頭ありません。ただ、生徒が自分自身で考える可能性を奪いたくない。そんなことを思っています。

ちなみに自主学習の時間、ドイツの教師は何をしているのか？

教室で自分の仕事をする先生、教室以外の場所を巡回する先生、ｉＰａｄでひたすらソリティアを遊ぶ先生もいました（笑）。

6．休み時間　質問できない「休み時間」

「休み」の考え方

ここまで、各科目における日独の違いを紹介したので、ここでいったん休憩を取ることにしましょう。

日本の学校では、授業間の休みは10分の学校が大多数でしょう。この間、生徒は教師に呼び出されたり、終わらなかった宿題に取り組んだりして、慌ただしい時間を過ごします。あるいは、教師から「授業中に終わらなかった演習は、休み時間や放課後を使って終わらせましょう」と、指示が出る場合もあります。

一方、教師の休み時間はというと、次の授業の準備、または質問に来た生徒への対応などが多いようです。

私も授業のあとはだいたいクラス内にとどまり、数学の質問を受け付けています（質問に来る生徒はストイックで、モチベーションも高いですね！）。

このように、日本の休み時間は「次の時間への準備時間」「整理や振り返りのための時間」といった考え方で成り立っています。

準備も片付けもしない

さて、ドイツの休み時間はどうでしょうか。

ドイツの休み時間は20分間あり、休み時間に対する考え方は、言葉のとおり**「休むための時間」**です。生徒は、年齢が異なる生徒同士で遊んだり、携帯ゲームをしたり、あるいは持参したスケボーで遊んだりと、個々人が自由に遊ぶことができます。

休み時間は個人の自由

学年を超えて遊ぶ

ただし、第2章で述べたように、ケガをしたり物を壊したりした際にはすべて自己責任となり、家庭の責任のもとに対処することになります。

特に冬場は、場所によっては1・5mもの積雪を記録する豪雪の中、無邪気にはしゃぐ生徒が多いので注意が必要です。

7年生の当番

休み時間には遊ぶ、という話を紹介しました。

そんな休み時間のために遊び道具を保管する小屋があり、7年生の生徒が貸し出し役を輪番で担います。もちろん、先生は一切、貸し出しや小屋の管理にはタッチしません。すべて自主運営です。

この貸し出しには、実に面白いルールがあります。

たとえば、ボールを貸し出すとき、貸し出し役は借り主の生徒から何か1つ私物を預かります。そして、ボールが返却されるときに引き換えに返却します。ただし、その私物は5ユーロ以下（約600円）のものに限られ、貴重品はNGとされています。

つまり、デポジットを提供することで返却の意思を示す。これもひとつの契約の練習と理解することができます。

クラスごとの輪番制になっており、義務感ではなくむしろ楽しんでいる生徒が多いと感じました。セーターや筆箱、ピアスにお弁当箱など、人によってデポジットの内容がまったく違うので、それを受け取ることも楽しいと感じているようです。

自発性、自主性、いろいろなことに楽しみを見つける。それも自発性を促します。

誰がこのシステムを思いついたか、残念ながら校長先生すら知りませんでした。少なくとも10年以上続いているようで、先生方も何も感じていないようでしたが、デポジット、契約、自由、自主、自立、

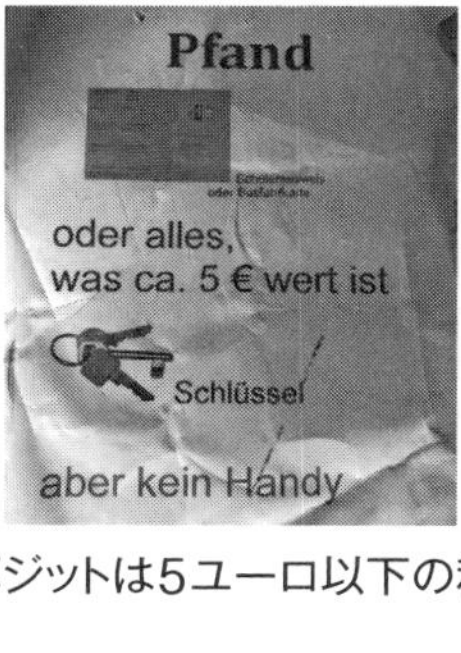

デポジットは5ユーロ以下の私物

デポジットで預ける色々な私物

自律……。私はドイツ社会の縮図を目の当たりにしたと感動していました。

教師だって休みたい

生徒が自由に休憩できる休み時間は、教師にとっても休憩の時間です。

職員室の扉には次のような貼り紙があります。

「PAUSE」とは、ドイツ語で「休憩」という意味です。書かれた文面を単純に和訳すると、「教師も休憩したいです。20分間ある休憩時間のうち、最後の5分は質問を受け付けます」となります。ということは……。

最初の15分は質問を受け付けない、という強い意志が表れています！

さらに貼り紙の文面はこのように続きます。

「その質問は本当に今でなければダメですか？　次回の授業中ではダメですか？」

質問に来た生徒を追い返そうとしてい

職員室の扉にある貼り紙

ます！

ちなみに、最後の「DANKE」は「ありがとう」という意味です。

もはや何が「ありがとう」なのか、まったくわかりません（笑）。

教師にとっても休み時間は、「休むための時間」。

そのことが、とてもわかりやすく理解できる貼り紙ですね。では、このような貼り紙によって閉ざされた職員室の中は、いったいどうなっているのでしょうか。

職員室では、先生方の多くがコーヒーを飲みながら談笑してくつろいでいます。

職員室に限らず、研究室でも大学の講師室でも、とにかく休憩時間となるとコーヒーを片手に談笑するドイツ人が多いのです。そして、なかにはトランプで遊んでいる先生なんかもいたりします。

「休み時間は休むための時間」ということが、とても明確です。

日本とドイツの休み時間、みなさんはどちらで過ごしたいですか？

7. 5時間目　これぞ中立の「政治」

教師の中立

さて、授業の再開です。5時間目は「政治」の授業です。

日本でも「政治・経済」という科目がありますが、授業の際に、教師は特定の党派に与する発言をしないよう、最大限の配慮をしています。自由民主党など、特定の政党名を口にすることさえ控えようとすることもあります。

なかには、模擬選挙などの手法を取り入れるケースもあります。

それでも、あくまで選挙の手順を学ぶだけにとどめて、政策の具体的内容にはほとんど踏み込まないのが原則です。

語らないことによる「中立」。それが教師にとって必要な「中立」であると考えられています。

ドイツでは、具体的な政策を取り上げて議論します。

主要政党が掲げる主な政策を比較し、個々の内容にも踏み込みます。それらを題材に生徒たちが議論をしていくのです。それぞれの政策の結果、起こり得るメリットやデメリットなども詳しく検討していきます。

そのような比較の場を提供することが、ドイツの教師の「中立」です。日本とは大きく違っています。

そんなドイツで、もしも教師が自分の支持政党を尋ねられたらどうするか？

教師は「私の意見はね」と前置きしたうえで、自分の立場を正直に答えます。そう考える理由も含めて、ていねいに説明を重ねます。

むしろ、自分の見解をひとつの私見として述べることで、中立性を保とうとする。

語ることによる「中立」。ドイツの教師はこうした考え方を持っています。

生徒の中立

生徒同士で議論をしていると、当然に意見の対立が生まれます。

ある生徒が、別の生徒に対して自分の立場を支持するように強く迫る。そんな光景も決して珍しくはありません。議論が白熱すればするほど、そうした問題が起こる確率は高くなります。

そんなとき、ドイツの教師はどのように振る舞うのでしょうか？

強要する側もされる側も、いわば、それぞれの政治的な立場の表れです。だからこそ、どちらか一方に与することはせず、どちらも政治的な意見だと気づかせます。どちらの立場も等しく認めるといったほうが正確かもしれません。

まさに苦い歴史を抱えるドイツならではのスタンスです。

そして、このようなスタンスを維持するための努力が、非常に高いレベルでの政治教育を、ドイツにおいて可能にする原動力となっています。

「私の意見はね」

教師が生徒に立場を訊かれたときに使った言葉を思い出してください。「私の意見はね」でした。それをドイツ語では「Nach meiner Meinung」と表現します。ドイツ社会では、このフレーズが実に頻繁に登場します。それだけドイツ人は自分自身の意見を持ち、それを相手に伝えることを重視します。

日本では、このフレーズはあまり好まれないかもしれません。

一体感や同質性を大切にする空間の中で、個人的な意見はむしろそれを乱す恐れがあり、どうしても敬遠されてしまうからです。

個人の意見よりは、全体が納得できる意見。そんな感じでしょうか。

しかし、ドイツでこのフレーズを使わない人はいないといっても過言ではありません。前述のとおり、意見がないのは何も考えていないことと同義だと見なされるからです。日本人がよく使う「どっちでもいい」も、意見がないと解釈されます。自由と自律を何よりも重視するドイツ人にとって、**意見がないのは最大のマイナス**だからです。

だからこそ、誰もが積極的に自分の意見を主張します。

その分、相手の意見にもしっかりと耳を傾け、それを受け入れます。

受け入れるとは、認めることではありません。**違いを違いのまま、最大限に尊重すること**を意味しています。それがドイツでは徹底されています。

最初は私も、このフレーズになかなか馴染めませんでした。

しかし、繰り返し使う努力をしているうちに身についてきて、帰国したあともついつい使いすぎてしまい、面倒がられているかもしれません（笑）。

無人島に漂着したら

5時間目の最後に、民主主義の根底に関わる授業を紹介します。

30人の人間を乗せた船が無人島へ漂着する。その30人は、いったいどのような社会を築いていくのか？

それがこの授業で考えるべきテーマです。

全員が善人の場合、善人と悪人が半々の場合、そして、全員が悪人の場合。この3パターンについて、それぞれどのような社会が形成され、どのように成熟していくのか。

そういった社会形成の流れを全員で考えていくことになります。

全員が善人ならば、助け合いが基となる福祉社会になるのか？　では、働けない病人やその介護者の分も食料を確保して、みんなで分ける。そんな社会に必要な役割分担や資産形成はどのような形で行われるのか？

善人と悪人が半々なら、ルールの中に罰則が必要となるのではないか？　罪を犯した場合には、監禁や拘束といった措置、つまりは警察が必要とされるのではないか？　あるいは、誰が何を犯罪として裁くのか？　裁判官も必要になるのか？

全員が悪人の世界では、パワーがすべてになるのか？　独裁政権となり、独裁者がすべてにおける実権を握る一方で、クーデターの恐れなどをどう捉えるのか？　疑心暗鬼の日々となるのか？

挙げるとキリがないのでこの辺でストップしますが、思いつく限り、生徒たちの考えは自由に広がっていきます。

ちなみに、この授業は10年生に対して行われます。

こうした議論の先には、「民主主義」は取り巻く環境によって変わる。ならば、今のドイツはどういった民主主義なのか？　たとえば憲法をどうすればよいのか？　変えるとすれば、いったいどこを変えればよいのか？　あるいは、どこも変えなくてもよいのか？

そんなところまで踏み込んで、考えを深めていきます。

生徒たちが民主主義の捉え方や憲法改正のあり方をどう考えるのか。ここでも教師は場を作るMCとして中立性を保ちます。

憲法を60回以上も改正している源泉を垣間見た気がします。

8．6時間目　仲直りの仕方「国語」

今、考えてみよう

ここからは一日の最後、6時間目の「国語」の授業です。

もちろんドイツですから、ドイツ語の授業だと想像してお読みください。

ある7年生の授業では、家族内でのテレビゲームの問題を取り上げました。

先に帰宅した兄が、父と90分間ゲームをする約束をします。そこに弟が帰宅して、自分もゲームをやりたいと言いだした。そのとき、兄はどのように行動すべきかを考えるのが、この授業の目的です。

みなさんの家庭では、どのように対処されていますか？

なんとなく兄に「お兄ちゃんなんだから」と言って、年上を理由に一方的に我慢させて、問題を解消していませんか？

先に成立していた兄と父との約束はひとつの立派な「契約」です。

当然兄はそれを主張します。そしてケンカになります。

そうなると今度は、どうやって仲直りするかを考えることになります。

まず兄は弟に、なぜ90分後にゲームをするのではダメなのか。今一緒にやりたい理由を訊きます。

もしも弟の側に正当な理由があるのであれば、採用してもよいのではないか。

そのような考えが生徒たちから出されます。

どんな主張があってもよい。しかし、論理性は必要だ。逆によいアイディアならすぐ採用する。

それもまた、きわめてドイツ人らしい発想です。みなさんはこのケンカをどのように解決しますか？

表現できたらそれが「正解」

論理性が保たれていればどんな主張があってもよい、と述べてきました。

しかし、ドイツ人といえども誰もが雄弁に語れるわけではなく、もちろんシャイな人もいます。言葉の使い方が下手でも、それもまたその人の個性であり、その人なりの理を持って表現することが重要視されます。**表現できたらそれが正解**なのです。

日本の現代文の授業や試験問題を見るたびに、そんなドイツとの違いを、何より深く実感します。

日本では、1つの正解を求めることに重きが置かれます。

現代文の問題にしても、「自分はどう考えるか」ではなく、「筆者はどのように考えているのか」が問われます。「表現」のドイツに対して、「理解」を重視する日本の姿勢がはっきりと表れています。

最近では大学入試の形態も多様化し、AO入試などを中心に、自分の言葉で表現する小論文が採用されています。そこでは、理解だけでなく表現する力までが問われていると考えてよいでしょう。

私自身は、こうした変化を好ましいものと受け止めています。

ヤギの教訓を考える

ここでご紹介するのはヤギとキツネの話です。

キツネが井戸の中に落ちます。そこに、ヤギがたまたま通りかかって、落ちたキツネに声をかけます。キツネは「必ずお礼をする」と約束して、ヤギに助けを請います。しかし、無事に救出されたキツネはそそくさと立ち去ってしまいます。

さて、ヤギはいったいどうすべきだったのでしょうか？

これは6年生のための授業です。

男子に多いのは、「リスクを考えて、そもそも助けるべきじゃなかった」「契約書を残すべきだった」という意見です。一方、女子で多いのは、「別のヤギに相談するべきだった」「第三者に証人になってもらうべきだった」といった意見です。

日本では、相手が何を求めているのかを中心に考えるのが特徴的です。一方、自分が何を言いたいのかを中心に考えるのがドイツ。

苦い体験から「教訓」を考えるという、日本の道徳とも異なる世界観に触れました。みなさんはどんな教訓をヤギに教えてあげますか？

相手の怒りを知る

ここで想定していただきたいのは、謝罪して仲直りする場面です。

日本では、相手が謝罪して仲直りを求めてきたら、余程のことでもない限りそれを受け入れて、仲直りを実現させることになるでしょう。仮に相手が自分の真意を理解せず、納得いかない部分が残っていたとしても、です。

しかし、ドイツでは、そんな場合に仲直りが実現することはありません。

「ごめんね」「いいよ」

そんなやり取りの前に、やるべきことがたくさん残っています。

何より大切なのは、相手の怒りの原因を知ること。

相手が何に対して怒りを感じたのか。その点がきちんと理解できていなければ、何に対して謝罪すべきなのかもわからない。謝る側も、きちんと腹落ちしてから謝罪する。だからこそ、相手の謝罪を受け入れられるのです。

理由がわからないまま、雰囲気や関係性を鑑みて謝るのが日本。

その根底にあるのは、あまりに問題を突き詰めすぎると、かえって関係がややこしくなる。曖昧さを残しておくことが、むしろ平和につながるという発想です。相手に強く突っ込みすぎると、いつか自分にもそれが跳ね返ってくる。

やや厳しい言い方をすれば、日本での謝罪は儀式のような雰囲気です。

そしてそれは、ドイツの人にとって、ほとんど理解できない行動のひとつです。

9. 放課後　明確な役割分担

思い返すと、博士課程研究員にもちゃんと学生証が交付されるということで、大学の学生課を訪れたときのことでした。

提出書類をまとめて学生課を訪ねたのですが、その中にどうしてもコピーを取ってほしい書類があり、学生課の方にお願いしました。するとその方から、「コピーを取るのは私の仕事ではない」と、あっさり断られてしまいました。

書類を受理してデータベースに登録するという、あくまでも申請の受け付けがその方の仕事だということです。何も知らないとイラッとしてしまいそうですが、きっぱりとした分業の教育を受けて育った方々なら納得です。

たかがコピー1枚、されどコピー1枚。

こんな些細な場面でも、日本とドイツの違いを目の当たりにしました。

ちょっと聞いて！③

モテるのはこんな子だ！

学生時代、みなさんの学校ではどんな子がモテましたか？

小学校では、男子は足が速くて面白い子。女子は明るくて優しい子。おそらくそんな感じだったのではないでしょうか？

では、ドイツの学校ではどんな子がモテるのでしょうか。

スポーツができる子？ だいたい男子はサッカー、女子は乗馬ができるし……。

それとも優しい子？

他にもっと優先すべき性格がある？

様々な学年の生徒たちに聞いてみたところ、共通する2つのフレーズがあることに私は気がつきました。

ひとつは「Selbstständig sein（自立していること）」。

そしてもうひとつは、「Aktiv sein（積極的であること）」。

つまり、なんでもかんでも簡単に「いいよ」と口にする人や、自分の意見を何も持っていない人、さらに、相手に合わせて本心とは異なる返事をする人などは、「自立していない」と見なされて、まったく相手にされません。

そして、パーティやディスコなどで踊る際には、男性のほうから積極的に女性を誘うことが求められるようです。

自分の意見と積極性。これらを総合すると、こんな感じでしょうか。

「僕は君と踊りたいんだ！　だから一緒に踊ろうよ!!」

これがドイツの学校でモテる、決めの一言かもしれません（笑）。

第4章

教師の和辻、ドイツで授業をやってみた！

1．登校　思いつきから誕生した教師　和辻

本章では、私がドイツで実際に教壇に立った経験から学んだことをお伝えします。「教壇に立つ」などと大げさに書きましたが、きっかけはある地理の先生のほんの思いつきで、まさか私がそんな機会に恵まれるとは思ってもみませんでした。

きっかけとなったのは9年生の地理の授業でした。「アジアの地理」という単元で、最初に中国をやってインドが続き、次は日本という状況になりました。そこで先生がアドリブを利かせ、「龍、日本の地理なんだから、日本人のあなたがやったほうが生徒たちのためになるでしょう」と提案してきました。私は自分のドイツ語力のなさを忘れ、即答でOKしました。

その後、他学年でも地理を担当し、地学や日本史、日本文化、さらに11年生の政治では日本の三権分立の授業も担当しました。

よいアイディアならすぐ取り入れて行動に移す。まさにドイツならではのフットワークの軽さといえます。

2. 1時間目　ドイツ人も知らない「歴史」

ベートーベンの「交響曲第9番」

ベートーベンといえばドイツを代表する大作曲家です。

しかし、そのベートーベンの曲が日本で毎年大々的に演奏され、歌われていることを、ドイツの生徒たちはまったく知りません。

地理の授業を受けた生徒たちの要望で、今度は日本の歴史を教えることになりました。

彼ら／彼女らは、基本的にヨーロッパの歴史しか学びません。それもナチスやヒトラーのことがメインになるので、第一次世界大戦時に日独が敵対していた事実についても、ほとんどの人は知りません。

そこで私が取り上げたのがベートーベンでした。

1914年、中国の青島において日・英連合軍とドイツ軍の間で戦闘があったこと。

そのときに捕虜になったドイツ兵が、徳島県の坂東町（現在の鳴門市大麻町）

にあった坂東俘虜収容所へ移送されたこと。

その収容所で、ベートーベンの「交響曲第9番」がアジアで初めて全曲演奏されたこと。

それがきっかけとなって「第九」が日本に定着し、今に至っていること。

日本では毎年冬になると大規模な第九コンサートが開催され、もはや風物詩とも呼べる状況になっていること。

そんな話をすると、生徒たちは本当に驚いていました。

坂東俘虜収容所での初演が1918年6月1日。鳴門市では今でも初演の日を記念し、毎年6月1日を「第九の日」と定め、6月の第一日曜日にコンサートを開いています。

もちろん、ドイツの生徒たちはそのことも知

日本式の丁寧な指導は喜ばれた

りません。

おそらく、日本の生徒たちもほとんど誰も知りません。

バームクーヘン

言わずと知れたドイツを代表するお菓子、バームクーヘン。直訳すると、木（Baum）ケーキ（Kuchen）です。樹木の年輪をイメージした、中心に穴が開いているドーナツにも似たケーキです。

このバームクーヘンが日本に伝わった歴史、あるいは背景については、日独を問わず知っている生徒はほとんどいません。

前述の坂東俘虜収容所。そこは、当時にしては非常に珍しい、捕虜の人権を尊重した自由度のきわめて高い収容所でした。地元民との交流も盛んに行われ、そのひとつの分野に音楽があったわけです。

そして、交流は音楽だけではなく、食文化にも及びます。

ビールやバームクーヘンは、そんな交流を通じて日本に伝えられたのです。

バームクーヘンを食べるたびに戦争に想いを馳せるべし、などと言うつもりはまったくありませんが、食べ物の背景に悲しい歴史があることが忘れ去られるというのも、また哀しいことのように思います。

なお、今日の日本では、抹茶味やイチゴ味などたくさんの味があり、形もハート型や富士山型など様々な種類が存在するバームクーヘンですが、ドイツではそのことにも大変驚かれました。

このようにバリエーションを増やすというのは、私たち日本人のひとつの特技と考えてよいようです。

姫路城

日本でも非常に人気のある名城・姫路城。

江戸時代の初期に建てられた天守などの主要建築物が現存し、日本では国宝や重要文化財に指定され、さらにユネスコの世界遺産リストにも登録されています。

「白鷺城」という別名も、多くの人に愛されています。

そんな姫路城が、ドイツはバイエルン州にあるノイシュバンシュタイン城と姉妹城協定を結んでいることを、ドイツの生徒たちは知りません。

そもそも、そのような協定があることも知りません。

協定が結ばれたのは2015年。姫路城と同様の美しさを有し、「白鳥城」との別名を持つノイシュバンシュタイン城と姫路城は、「白城同盟」として、正式には「観光友好交流協定」を締結しました。

歴史ある城を懸け橋にして今日の日独関係が深まっていく。そんな話を生徒たちは非常に興味深く聞いてくれました。

ちなみに私は、姫路市の観光大使としても活動しています。

だから授業中にさり気なくPRしてみました……。

忍者

城とくれば侍、さらには忍者のことまで、私は授業で取り上げました。

侍（武士）とはどのような存在であったのか、忍者の役割とは何だったのか。あるいは、どうして日本から侍や忍者がいなくなってしまったのか。単に両者の違いを解説するのではなく、歴史的背景も含めて、ていねいに話をしました。

ドイツの生徒にとって、取り分け忍者が興味深かったようです。特に、黒ずくめの外見は非常にインパクトがあったものと思われます。

また、侍も騎士も武器は槍や刀であり、日独で大きな違いはありません。しかし、忍者は手裏剣など独特の武器を使います。それも面白いと感じていました。

「本当に水の上を歩けるの？」

そんな質問も寄せられましたが、目にしたことがないのでわかりませんし、もちろん、自分でやってみたこともありません（笑）。そう考えると、日本人だって、日本の歴史で知らないことはたくさんあると反省させられます。

忍者を「日本の歴史」として捉えている。ここでも日独の違いに気づかされた1時間目でした。

3．2時間目　理論が説得力を生む「地理」

地震

ドイツには、身体で感じるような地震や台風などの大規模な自然災害がありません。

だからドイツの生徒たちは、それがどのようなものなのかイメージすることさえできません。まったくの未知の状態といってよいくらいです。

そんな生徒たちに、私はまず地震の話をしました。

ここ四半世紀を見ても、阪神・淡路大震災に東日本大震災、そして熊本地震と、甚大な被害をもたらす大地震が発生しています。

日本はドイツと違って断層の上に国が存在すること。

震度とマグニチュードの違いや、震度1以上の地震が毎年2000回も発生していること。

それが大地震発生の年には3倍以上に増え

地震の説明

ること。

そんな、地震被害の恐ろしさとその地震に対する対策を、体験者として解説しました。

被害の大きさに、生徒たちは誰もが驚きの表情を隠せませんでした。

何事も、経験者が理論を語ると説得力が増す。だからこそ、私が地震について語ることに意味があったのだと考えています。

台風

地震の次は台風です。

台風という言葉の由来が「タイフーン」であること。

「タイフーン」「ハリケーン」「サイクロン」は、どれも最大風速毎秒32・7m以上の熱帯性低気圧でありながら、北太平洋西部で発生したら「タイフーン」、北大西洋・カリブ海・メキシコ湾・北太平洋東部ならば「ハリケーン」、北インド洋・ベンガル湾・南西太平洋では「サイクロン」と、その呼び名が変わること。

そして、「タイフーン」と台風もまた微妙に違っていて、先に挙げた三者がすべて国際基準で定められているのに対し、台風には日本独自の基準（最大風速毎秒17・2m以上）があること。台風＝ただの大雨だと勘違いしている生徒が多かっただけに、生徒たちは興味深く聞き入っていました。

特に台風の進路予想が正確に行われるところや、それがニュースなどで大きく取り上げられる点は、災害の多い国・日本の特徴として、衝撃も大きかったものと思います。

桜前線

台風の進路予想もそうなのですが、日本地図に即して実にバラエティに富んだ気象情報が提供されることに、ドイツの生徒たちは関心を示しました。

ドイツの天気予報は、基本的には「晴れ・雨・雪」の3種類で事足ります。しかし、日本の天気予報には、それらに加えて「気圧・前線」といった言葉が実にたくさん登場します。天気予報が非常にたくさんの情報を提供するという、そのこと自体が、彼ら／彼女らにとっては考えられないことなのです。

また、生徒たちの反応に私が気づかされたこともありました。

それは、天気予報の図を、国の地図として認識した点です。私たちは慣れっこになりすぎていて、毎日自国の地図を見ていることを強く意識していません。日本地図より台風の進路が主役です。

しかし生徒たちは、「こんなにも自国の地図を見る機会が多いのか」という点に日本の独自性を感じていました。

なかでも、彼ら／彼女らが一番興味を持ったのは桜前線です。

それを国の地図に載せて示すだけでなく、桜が咲く順番や開花予想日まで教える点がロマンチックだと、ドイツにもサクラの木があるだけに感じたようです。日本の桜前線は、まさに大自然が与えてくれた日本文化だといえます。

新幹線

2時間目の最後は新幹線について取り上げます。

私が例として挙げたのは、姫路市にも駅のある東海道・山陽新幹線。そして、ドイツの生徒たちに特に強調したのは、その時間の正確さです。

東海道新幹線のここ数年のデータでは、年間の全車両の平均遅延時間はなんと0・2〜0・6分（12〜36秒）となっています。

災害や沿線火災などの不可抗力で遅れる車両も当然にあるので、実際にはほとんどの車両が遅れることなく運行していると考えられます。いくら日本人が時間に正確な国民だとしても、この数字は圧倒的にすごいといえます。

もちろん、生徒たちも驚きます。というか、最初は絶対に信じてくれません（笑）。

ドイツの電車は、ヨーロッパ諸国のなかでは時間に正確なほうですが、それでも遅延は日常的ですし、ストライキもあります。

ちなみに日本のＪＲの例では、特急・急行で2時間以上の遅れが出た場合には特急・急行料金は返金されます（運賃の返金はない）。さらに、その先の乗り換えができなかったときには、その分の料金は返ってくる場合があります。

しかしドイツでは、電車の遅れによって乗り換えが間に合わなかった場合でも、乗り継ぎ先の返金はありません。

乗り換え予定だった電車は遅れていない——。

それがドイツ人の考える合理性ですが、ここは日本の対応に軍配を上げたい。ドイツに旅行する際は、電車の遅延も旅行の一部と考えることをお勧めします！

4．3時間目　奥深さを発揮する「日本文化」

意味深いお辞儀

3時間目は、日本文化の奥深さについて取り上げたいと思います。最近では、東京オリンピック・パラリンピック招致のときに、日本が誇るべき「おもてなし」文化がクローズアップされました。目立たないところにも配慮がしっかりと行き届いている。それが奥深さにつながっています。

ドイツの生徒たちに、私はまずお辞儀の話をしました。

相手との関係性や場面によって、角度を変えて使い分けるお辞儀。このような身体同士の接触がない敬意の表し方は、ハグや握手が挨拶の基本であるドイツ人にとっては新感覚のようです。

そうなれば、百聞は一見に如かず。そして、自ら実践してみること。授業の最初と終わりに、私は日本でやるような号令とお辞儀をあえて導入し、生徒たちの実践の機会としました。

2秒下げ、2秒止め、2秒で起こす。

首だけの会釈はお辞儀ではありません。先生に対する感謝の気持ちを、いかに動作の中に込めることができるか。大切なのはその点です。

みなさんはどのような想いでお辞儀をしていますか?

心の道、武道

私は子供の頃からずっと合気道を続けています。

「道」とは「みち」であり、自らの生涯をかけて極めるべきものという意味が、その字の中に込められています。柔道、剣道、空手道、すべてに同じ精神性が認められます。闘って勝つ強さではない強さ、人間としての強さ。それらを全身で極めることが、武道を行う究極の目的です。

しかし、ドイツ語では「Kampfsport」、直訳すれば「闘うスポーツ」という意味になります。日本語では「格闘技」となります。

そんな言葉の違いは、練習と稽古の違いにも反映されます。

私は有段者として後輩の指導に当たる際は、練習は反復、しかし稽古は自ら考えながら動く。稽古で解を見つけて、それを練習で鍛えていく、と両者の違いを強調します。

私はドイツでも合気道を続けました（ドイツにも合気道人口はあります）。

ドイツの合気道は武道ではなく、楽しんでやるスポーツのひとつでした。師範と生徒が意見交換をする。上級者に対しても、技について意見したりもします。日本では絶対に目にするこ

クラウスタール大学合気道部（前列右から2番目が私）

とのない光景です。

何度も本来の武道のあり方を説明しましたが、「道」という概念は、残念ながら伝え切れませんでした。

ドイツの有段者は「勧める」ことはしますが、「指示」はしません。しかし、日本では、有段者が下の安全にも配慮し、指示しつつ見守ることが求められます。

ドイツでは、極端に経験に差がある者同士が、ペアとして一緒に練習することもありますが、合わないと思えば、自主的に練習相手を簡単にチェンジします。

自己主張における自由は、武道の稽古においても健在ということです。

年中オクトーバーフェスト?

ドイツの有名な行事に、オクトーバーフェストがあります。

バイエルン州の首都ミュンヘンで開催される、世界規模のお祭りのひとつで、1810年からはテレージエンヴィーゼと呼ばれる広大な場所で、9月半ばから10月上旬にかけて行われます。

訪れる人の数は、毎年600万人ともいわれています。

そして、毎年700万ℓものビールが消費されます。

「Prost!」という乾杯の掛け声と共に、見知らぬ人同士が笑顔で乾杯します。まさに多くのドイツ人が心待ちにしている、国民的行事であると実感します。

そんなオクトーバーフェストは「10月のお祭り」という意味ですが、日本では10月に限らずいろいろな時期に、また様々な場所で、頻繁に開催されています。

「オクトーバーフェストin Spring」と銘打って同じ場所で春と秋の2回開催される、などといったケースもあります。

こうなるともう、何フェストなのかがわからなくなってきます（笑）。

ドイツ人の生徒たちはこの矛盾に大笑いしていました。

お祭りで日本文化について力説

バームクーヘンの味や形を柔軟に何種類も生み出していく工程と同じで、日本人の高い応用力がここにも表れているのかもしれません。

フランクフルトを食べる

3時間目の終わりは、「フランクフルト」を食べる話です。

フランクフルトとはドイツの都市の名前で、正式名称は「フランクフルト・アム・マイン」です。「マイン川沿いの～」という意味になります。ドイツには、他にもフランクフルトという街がいくつかあり、それらと区別する目的で、14世紀頃からこの名前になったとされています。

とはいうものの、日本で有名なのは圧倒的にソーセージのほうです。

ソーセージをパンにはさんでケチャップやマスタードをかける。

「フランクフルト食べる？」

ドイツの生徒たちにこの話をすると、「街をかじるのか!?」と、オクトーバーフェストのとき以上に誰もが大きな声で笑います。

ちなみに、ドイツ語で「ボンベ」は爆弾です。

だから酸素ボンベは「酸素爆弾」になります。同じ単語でも、国が変わると大切なものから恐ろしいものに変わります。

5．4時間目　ドイツ人生徒たちの反応

すべてが驚天動地

さて、本章も最後の4時間目にさしかかりました。

ここでは、教師和辻として体感した、ドイツ人生徒たちの姿をお届けします。

私が授業で伝えたことに対して、生徒たちは高い関心を示してくれました。そのことは3時間目までにお伝えしてきたとおりです。

ですが、その関心の示し方が、日本とは大きく異なっていました。

日本では、話す人に最後まで視線をしっかりと向け、黙って聴き続けることが大事だとされています。驚きや感動があったとしても、それを露骨に表す生徒は日本では少数派です。

一方、ドイツでは、生徒たちは新しい知識を身につけるたび、実に豊かな表情で自らの驚きや感動を表現します。

「目を丸くする」というのはこういうことなのか！

ある生徒の表情を見て、そのように実感したこともあります。

彼ら／彼女らにとって、私が提供した日本の話題が驚天動地だったとすれば、私は生徒たちの反応からたくさんの気づきや学びを与えられ、まさに驚天動地の気持ちにさせられました。

また、感動しながらであっても、疑問に思うことがあれば、その場で積極的に質問を投げかけてきます。それも日本とは大きく異なる点です。

次項では、そんな質問についてお伝えします。

質問、質問、質問

生徒からの質問が多すぎて、準備した内容がすべて終わらなかった――。

ドイツでは、それがよい授業の証だとされています。

そんな授業ができたかどうかはさておき、私の授業でも、本当に多くの質問が生徒たちから寄せられました。
そんな質問のなかで、今も深く印象に残っているものを、5つ紹介します。

質問① 5年生「ドイツ語を学ぶにあたって難しかったことは何ですか？」

私が答えたのは、「R」と「L」の発音をしっかりと分けることです。「Einfühlung」は「感情移入」、「Einführung」は「導入」と、RとLが変わるだけで全く別の意味になります。

苦手な発音にも日独の違いがあり、ドイツ人は「ツ」と「リャ、リュ、リョ」が苦手なようです。私の名前は「ワツジ　リュウ」ですが、「リュウ」が「ジュウ」になったり「ユー」になったり、みんなに苦労をかけました。

質問② 6年生「日本人はサメやネコを食べますか？」

質問の動機まではわかりません（笑）。

「ネコは食べないけど、馬の肉は生で食べる」と私は答えました。そう、馬刺しです。犬ほどではないにせよ、馬はドイツの多くの家庭で飼われ、大切にされている家族としての生き物です。教室全体に悲鳴が上がりました。

ちなみに、肉や魚を生では食べないドイツ人にとって、「生で食べる」という行為は、ライオンのように生きたままかぶりつくイメージです。もしかすると、生きた馬にかぶりついている私を想像したのかもしれません……。

質問③　9年生「ドイツまでのフライト時間はどれくらいですか？」

多くのドイツ人生徒にとって、日本はまだまだはるか彼方の国です。アジアといえばやはり中国。その国土の大きさなどから、アジア諸国の中で中心的な存在と見なされています。

直行便で約11時間、乗り継ぎだと16時間以上かかることもあります。車で気軽に隣国に行ける人にとっては、やはりはるか彼方のイメージのようです。

質問④　10年生「日本は徴兵制ですか？」

前述の地震の授業の際に、災害派遣の重要性に関して説明したことを受け、こうした疑問へと至りました。ドイツは２０１１年まで徴兵制度が存在したことも影響していると想像されます。

「日本は志願制です」と答えると、災害派遣のために志願する人もいるのかと、とても納得した表情を浮かべました。

質問⑤　8年生「地震を人工的に体験することはできますか？」

「そのような場所や設備はありますが、あまり一般には使用しません」

私はそう答えました。これも前述のとおり、ドイツの生徒たちには、「地面が揺れる」こと自体が上手くイメージできないのだと思います。日本では避難訓練で学ぶか、実際の地震を体験して自然に学ぶ場合がほとんど。それが後段の話題にもつながっていきます。

理屈ではなく「姿勢」

ここでの話は、前述の武道の話題と重なるところが多いかもしれません。

日本の高校では、男子であれば剣道もしくは柔道が必須の科目として時間割に記載されています。そんな日本の時間割を紹介したときに、武道とスポーツとの違いが何かを生徒たちに質問されました。

ここでも私が伝えたのは、練習と稽古の違いです。

特に私がやっている合気道では、相手の呼吸を読み、その動きに合わせることで相手の力を利用できるよう、自分の動きを考えていく。それが稽古になります。そこで必要と考えた動きを反復により血肉化していく。それが練習の役割です。

しかしながら、合気道仲間に伝えたときと同じように、この点だけはまったく理解が得られませんでした。

ここまでくると、もはや理屈ではなく、武道に対する理解と姿勢の違いだと考えるしかありません。ポカーンとした生徒たちの表情は、私にとってちょっとだけほろ苦い思い出です。

みんなでやってみる、初めての避難訓練

地震の授業の中で、実際に避難訓練をやってみることにしました。

前述したとおり、日本の生徒はどうやって災害時の対応を理解するのかという質問も寄せられましたので、「百聞は一に

如かず」で実施を決めました。

日本では、避難訓練の実施が法律で義務づけられています。

教室から校庭まで、どのようなルートで避難するのか。その手順をしっかりと学ぶのが避難訓練の意義です。

机の下に隠れる、出席番号順に並ぶ、人数確認をする、無言で外へ出る、再度人数確認をする。そんなプロセスを体験します。

ドイツの授業でも、極力同じプロセスで実施することを心がけました。まずは、机の下に隠れる。先生の指示にしたがって動く。無言で校庭まで移動する。

しかし、一列に並んだ経験などないから、どうしていいかがわからない。

ドイツではアルファベット順に並ぶわけですが、ふだんは互いにニックネームで呼び合い、苗字などは意識していないため、順番に並ぶだけでも大変な時間がかかりました。また、ついつい感じたことを言いたくなるのか、無言のまま行動

大はしゃぎの避難訓練

することもできませんでした。

それでも地震被害の映像などを見たあとでしたので、全員が初体験なりに考えて避難訓練に参加してくれました。

考えることが議論につながります。自由と自己責任が表裏一体のドイツでは、すべてを立場ではなく話し合いで決めます。それがドイツの民主主義です。自主自律。子供のことは子供の世界観で決める。大人はできるだけ介入しません。私の訓練の気づきが、考えるきっかけになったとすれば幸いです。

6. 放課後 ドイツでの教え方

日本では、線の本数によって数を表す場合、よく「正」の字を使います。この表現方法は、漢字を使う文化ならではといえるでしょう。

では、ドイツではいったいどのように数を表すのでしょうか？

写真のように、1から4まではシンプルに縦線だけを書きます。そして、5を数える段階になると、4本の縦線に斜線を入れます。カール（Karl）君のカウントを見ると、5本を1セットとして、6からはまた新たな縦線を書いています（ヨーロッパや北米、オーストラリアなどで主に使われる数の表現方法です）。

では、レオニー（Leonie）さんのカウントはいくつを表していますか？

そう、正解は12です！

数の表し方も日本とドイツでは異なりますが、よく考えれば当然のことですし、慣れてしまえばなんとも思わなくなります。

それでも、初めて目の当たりにしたときには戸惑いました。

何かの暗号かと勘違いするほどの、強いインパクトがありました。

もっとも、ドイツ人は「正」の字に、同じ戸惑いを抱くのかもしれませんが。

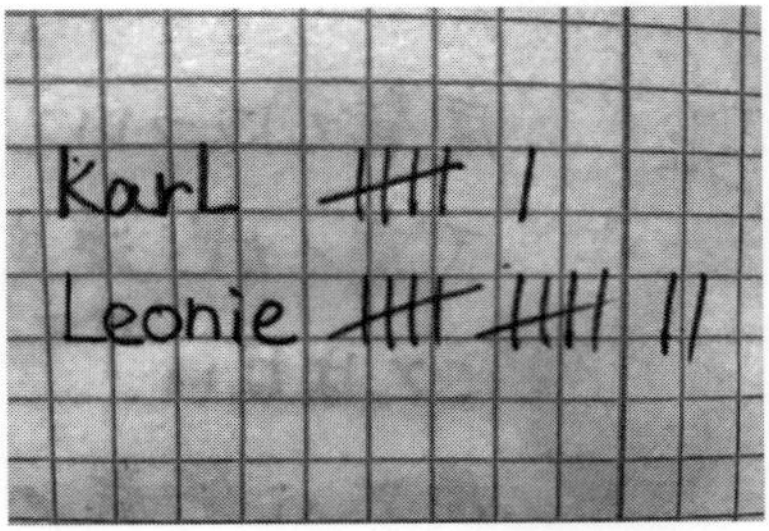

ドイツにおける数の表現

ちょっと聞いて！④

あくび、居眠りは絶対NG

ドイツの学校に通い始めて半年ほど経った頃、日本の学校では頻繁に目にするある光景が、ドイツにはないことに気づきました。

「授業中に寝る人がいない!?」

休み時間に机に突っ伏したり、授業中にうとうとしたり、多くの方は学校で眠気に耐えられなかった経験があると思います。

しかし、ドイツでは誰もが、授業中はピンピンしています。これは、あくびや居眠りに対する解釈の違いになります。日本では「毎日部活が激しいから」とか、「遅くまで勉強していたのかな?」とか、先生が生徒の様子を汲み取ってあげる場合があります。

私自身も、月曜日の朝から机に伏せて寝ている生徒を見たときに、全国大会で精魂尽き果てたのかな、と解釈することがあります。

しかし、ドイツでは「居眠り＝前夜に遅くまでゲームをしていた。もしくはテレビや動画を見ていた」と解釈されます。また、あくびは相手に対して非常に失礼な振る舞いと見なされ、「あくび＝眠くなるほど退屈（興味が湧かない）」と解釈されてしまいます。

居眠りをした場合は即刻保護者に連絡が入り、その旨が伝えられ、なかには激昂する先生もいます。それほどまでに許されない行為なのです。理論を大切にし、話し合いが信条のドイツ人が激昂するぐらい失礼だということですね。

とはいえ、ドイツ人だって人間です。もちろん眠くなることはあります。

そんなときにはいったいどうするのか？

「つねったり顔を洗ったり、何でもやってとにかく目を覚ますんだよ！」

日本とドイツの共通点が、こんなところにありました（笑）。

第5章

誰でも今からチェンジできる！
教育現場をよりよくしたい！

1. 自分ってどんな人？

私はドイツのギムナジウムでの経験によって、自分が本当に大きく変わったと実感しています。そして、その変化をとても肯定的に受け止めています。

学生のみなさんだけではなく、保護者の方々、教育現場に携わる方々、あるいはビジネスに携わる方々。そんなみなさんのなかには、変わりたい、このままではいけない、そう思っているけれど一歩が踏み出せない。そんな方も多いのではないかと思います。

ですが、誰でもできます。

その気持ちをお伝えしたいのが、本章の一番の目的になります。

最強の自己紹介

みなさんは、本当に自分のことをわかっていますか？　深く考えることなく、雰囲気に流されながら、自分のことをアピールしていませんか？

そんなみなさんは、自己紹介が苦手だと感じたことはないでしょうか？

日本の一般的な自己紹介は、「私は〇〇です。これまでの経歴は△△です。今は□□をしています」といった流れになっていると思います。過去から現在へと至る自分のことを紹介する。それが基本的なコンセプトです。

「私は和辻龍です。日本の東京から来ました。東京では中高一貫校で数学の教員でした。今はクラウスタール工科大学で博士課程研究員として再生可能エネルギーについて研究をしています」

こんな自己紹介をドイツでしたとき、矢のように質問が飛んできました。

「君はドイツで何を学びたいのか？」

「それを今後のキャリアにどう結びつけていきたいのか？」

いわば未来に対する志向や目的を、何よりも重視しているわけです。この経験から私は、自己紹介のスタイルをガラリと変えました。

「私は和辻龍です。日本の教育をよりよくするために、ドイツの学校現場における工夫を学びに来ました。日本の生徒たちに、数学を通して環境に対する意識を持ってもらうために、私は研究員として再生可能エネルギーの研究もしています」

このように、過去ではなく、未来のことを中心に話すようになりました。

そうすると、自分について深く考えるようになりました。

そんな**未来志向の自己紹介**を、ここでは最強の自己紹介と呼んでいます。

名前の由来

みなさんは、ご自身の名前の由来を説明することができるでしょうか?

なぜそんなことを訊くかというと、苗字や名前の由来について考えることは、自分を深く知るための第一歩になるからです。

日本の苗字と名前は、世界でもっともバリエーションが多いとされています。漢字の影響もあることは間違いありませんが、漢字にそれぞれ意味があることはドイツ人もよく知っており、漢字を使った名前の由来に興味を持っています。

実際に私も、よく名前の意味を尋ねられました。

私の名前は「龍」ですが、それを付けたのは母です。

まさに天に上る龍のようにすくすくと育ってほしい。そんな気持ちを込めた名前だと、大きくなってから聞かされました。

名前とは、その人を識別する大事な看板です。だからこそ、その意味や由来を考えることには、大きな意義があるのです。

長所ペンタゴン

写真のようなレーダーチャートを、みなさんも見たことがあると思います。

模擬試験の成績なども、こうした形で示される場合が多いようです。英数国理社、5科目の成績をいかに大きい正五角形に近づけていくか。そんな観点で先生と面談を重ねるケースも、なかにはあるかもしれません。

私はこのチャートの視点を少し変えて、自分のクラスや企業の研修などで活用しています。

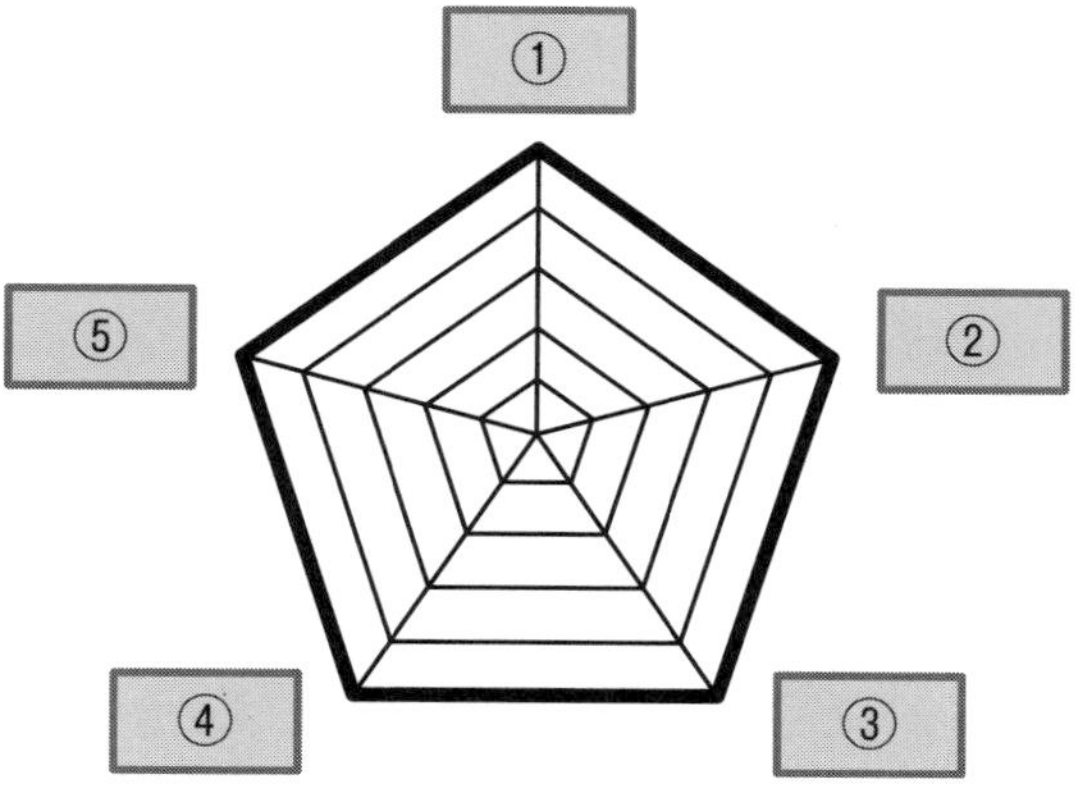

MAXレーダーチャート

各項目がMAXの5になった状態のシートを、あらかじめ用意しておきます。

そしてこのように尋ねます。

「MAXの5でチャートが完成するような、みなさんの長所を5つ書き込んでください」

多くの方々は、3つくらいまでは浮かぶのですが、残り2つで苦労します。

それだけ、日々の生活において自分自身について深く考え、理解する機会が少ないということです。

みなさんは、どんな長所を5つ挙げることができますか?

これまでの企業研修のなかで面白かった長所は、「どこでも寝られる」「どんなカレーでも食べられる」というものでした。道徳的な言葉でまとめる必要など一切ありません。

表現力不足という個性

自分自身についてよく考える。その大切さをお伝えしてきました。

そうなると次は、それをどのような言葉で伝えるのかという点が、みなさんの問題意識として浮かび上がってくると思われます。

伝えるべきことはわかっていても、伝える言葉が見つからない。

それがマイナスの方向へと進んでしまうと、結局は考えなくなる方向へと再び戻ってしまうかもしれない。そんな恐れを抱くかもしれません。

ですが、そこで諦めないでください。

表現が苦手だということを欠点と捉えるのではなく、それもまた自分の大切な個性なのだと理解してみてください。

ドイツに渡航した当初、私はドイツ語がまったく聞き取れず、雑音にしか聞こえませんでした。

私自身が口にするドイツ語も、非常に拙いものでした。

当然に意思疎通にも苦労しましたが、身振り手振りを交えたり、質問を何回も繰り返したり、伝えようとする姿勢だけは示し続けました。すると、ドイツ人は話すスピードを落としてくれたり、単語を変えて説明してくれたり、一生懸命な私を助けてくれました。

大切なのは、言葉の上手い下手よりも、表現力の高い低いよりも、**伝えようと**

する姿勢です。

姿勢さえあれば、表現力不足もまた個性なのです。

最強の自己紹介に、ぜひともその姿勢で臨んでいただきたいと思います。

2. 自分の人生って誰のもの？

連続した時の流れ

当然のことながら、自分の人生は、他ならぬ自分自身のものです。

しかし、そんな大切な人生を、本当の「自分のもの」として生きている人が、いったいどれだけいるのでしょうか？

進学先を選ぶにしても、「親がそういったから」と、平気で口にする生徒がいます。あるいは、「資格があったほうが就職に有利だから」などと、やりたいことよりも、有利不利で決めようとするケースも散見されます。

友達とどこかに出かけるにしても、つい空気に流されてしまう。

行きたくないところに出かけ、観たくもない映画を観て、面白くもないのに、周囲に合わせて作り笑いを浮かべる。

そんな時間を過ごしている人が、少なくないように思います。

しかも、それは生徒に限った話ではなく、周囲の大人たちにも同じく当てはまるのではないかと感じています。

それはいうなれば、相手に合わせた、迎合する人生です。

自分ではなく、相手の人生を生きているのに等しいと私は思っています。

そもそも人生とは、「今、ここ」という瞬間の積み重ねです。

今日が昨日になり、明日が今日になっていく。それらを日々繰り返していく。人生とは、**連続する時の流れ**のことです。

そんな大切な瞬間を、興味のない他人のＳＮＳやメッセージに費やす。

あるいは、行きたくもない飲み会の誘いを断れず、同僚に迎合してしまう。

迎合しないことのマイナスを恐れて人生を浪費することと、迎合しないで自分の生き方をどこまでも貫くこと。その比較考量を試みることさえ覚束ない。

真の自分時間を生き抜くために、そこにしっかりとメスを入れること。

そして、最初はつらいかもしれないけれど、勇気を持って最初の一歩を踏み出すこと。

特殊な能力など必要ありません。心のベクトルを少しだけ変えていくだけで、誰にでも自分の人生を取り戻すことが可能となります。

自分の人生は自分のもの。

だからもう一度尋ねます。本当に自分の人生を生きていますか？

納得させるより期待してもらう

自分が何かにチャレンジしようとしたとき、おそらくサポートしてくれる人がそばにいることと思います。生徒にとっての保護者、若手社員にとっての先輩社員、スポーツ選手であればチームメイト。そんなとき、どうやったら周囲を納得させられるのか？　そんなことばかり気にする人がいます。

このような生き方も、自分の人生を生きていることにはなりません。

究極的にいえば、自分以外はすべて他人です。自分がやりたいことや目指すべき将来を、本当に納得して理解してもらうことなど不可能なのです。

もちろん、快く送り出してもらえるに越したことはありません。

しかし、納得が得られなければやめるのか？　諦めてすぐ目標を変えてしまうのか？

この類のやり取りを目にするとき、私はいつもそんな疑問を思い浮かべます。実際に口にしてみることもあります。死ぬわけでないなら思い切りやればいい。

それでも、と思う方には次の方法をお勧めします。

それは、納得してもらうのではなく「期待」してもらうという方法です。

もちろん、多大な期待などは必要ありません。本当にわずかなレベルの期待で十分なのです。「結果を楽しみに待ってるわ」「上手くいったら教えてね」といったレベルで十分だと私は考えています。

避けるべき最大のマイナスが無関心であるとすれば、わずかな期待があれば百人力。**「周囲が何を求めているか」ではなく、「自分が何をやりたいのか」**です。

このようにしてベクトルの向きを変え、自分の人生を取り戻していくのです。

魔法の一言を身につける

ここまで、自分の人生をいかに生きるか／取り戻すか、ということを中心に、私の想いをお伝えしてきました。

そのためには、誘いを断ることも必要でした。心ではNOだが発言はYES。多くの方が人間関係を大切にするあまり、誘いを断ることに躊躇しています。そんなときに使える魔法の言葉があります。

それは**「できない」**です。

拍子抜けするかもしれませんが、これは魔法の言葉です。

ドイツであれば、「時間がない」「興味がない」と一蹴されて終わります。まだドイツに行って間もない頃、この言葉に衝撃を受けました。

もちろん、日本ではそんなに簡単にはいきません。

もう少し手の込んだ説明が必要になってきます。そのためのヒントが、一部を譲歩する。もしくは、できるだけ前向きな終わり方をする。そんなフレーズを、付け加えることです。

「今はできないけど、明後日ならＯＫ」「自分にはできないけど、他にできる人を知っている」「そこまではできないけど、ここまでならやれる」

このように、「できない」と言うことによって他の可能性を模索できたり、できる部分やタイミングを相手と調整できたりと、むしろ新たな発想のきっかけになります。

そうすれば、自分のための時間をたくさん使えるようになる。

「できない」はポジティブな言葉なのです。しかも、こうしたフレーズを駆使するのに、やはり特殊な能力は一切必要ありません。

今日からポジティブに「できない」生活を始めましょう!!

根拠のない自信でけっこう

自分の時間を、人生を取り戻すこと。

そのために、魔法のフレーズを身につけ、本当に自分がやりたいことに取り組むこと。その必要性はわかったけれど、自分にそれができるのだろうか？

やりたいことが上手くいくという根拠が、はたしてどこにあるのだろうか？

そんな悩みを抱える人も少なくありません。

しかし私は、**そもそも根拠など必要ない**と確信しています。あるいは、根拠なんかどこにも見出せないのだと考えています。どれだけ考えても、100％の確証を得ることなどできません。理由は単純明快、これから試すことだからです。

そんなことで悩み苦しむよりは、まずはチャレンジしてみること。

日本での経験です。宿題プリントの提出状況がよくない、クラスがありました。そこで、私は宿題をデータ化してアプリ内で配信することにしました。配信に始まり、回収も採点も返却もすべてアプリ内で行われるのです。結果は、みんなアプリに食いつき、遊び感覚で宿題に取り組むようになりました。次の配信を心待ちにするようになり、提出状況を気にすることもなくなりました。

最初は「それでみんなが提出するようになるんですか？」と尋ねてくる先生もいましたが、そんなのは知ったこっちゃありません（笑）。

宿題の手法を変えることで改善されればいいなと思っただけで、根拠も確証もありませんでした。それで失敗したら、また別の方法を考えればいいだけです。

それでも、**やってみたからできたのです**。

根拠なんかなくてＯＫ。もちろん、失敗してもまったく問題なし。

そもそも、他人は誰も、みなさんの結果になど大して関心を払っていません。

他人の目が気になるのは、厳しく言えば自意識が過剰なだけです。周りがどう反応するか。周りにどう見られているか。それもまた、他人の人生を生きることになります。


だからこそ、そんな時間の過ごし方には一刻も早くサヨナラしましょう。

「その自信はどこから来るの？」と聞かれたら答えましょう。

「根拠なんかない!!」

3．「なぜ？」に答えられる？

1日1「なぜ？」

ドイツでは「なぜ？」が大切にされるとお伝えしてきました。

合理的に考えるためには、日々の様々な出来事に疑問を持ち、それらに対する答えを自分の頭で考えるというスタンスが必要とされます。言い方を変えれば、「なぜ?」の数だけ合理性が深まっていくということです。

だから私は、世の中の物事に対して、『1日1「なぜ?」』を意識するようにしています。

友達の言動、ニュース、自然現象……、何でもいいので、1日に少なくとも1つ、疑問を抱きます。すると、想像したり調べたりして、自分なりの答えを導き出すようになります。

身の回りの世界が、平板でつまらなく見えている人。

人生という時間に、何も意義を見出せず立ち止まっている人。

もしも、みなさんの中にそういう人がいるならば、『1日1「なぜ?」』を、ぜひとも実践してみてください。もちろん、いきなり世界が楽しくなるわけではない。あるいは、人生の意義がすぐに見つかるわけでもない。

それでも、「なぜ?」を問い続けた先に、ちょっとした楽しさを発見できるかもしれません。

「賞味期限」は、「なぜ？」と感じたその瞬間

多くの加工食品には賞味期限があります。

もちろん、少々ならば期限を過ぎても食べること自体に問題はありませんが、せっかくの風味の大半は損なわれてしまいます。だからこそみなさんは、賞味期限に気をつけながら食品を選んでいるのだと思います。

しかし、「なぜ？」と疑問を持つことにも、賞味期限はあります。

それは、「なぜ？」と思った「その瞬間」です。今この瞬間に疑問に感じたことも、友達に会ったり家に帰ったりすることで新たに生まれた、別の「なぜ？」によって忘れ去られてしまうかもしれないからです。また、その環境にいたからこそ湧いてきた疑問だったのかもしれません。

ドイツではストレートに、その場で「なぜ？」と質問します。「そういえば昨日のことなんだけど……」と、過去のことにはしません。たとえば、研究室でモーターの不具合が発生すれば、即、グループ内で話し合って原因の追究をします。

人に訊くもよし、ネットで調べるもよし、あるいは自分で推測するもよし。疑問に思った瞬間に思考を働かせる習慣を付けられるようになると、思考が深まり、

人生が豊かになった気がします。

3回の「なぜ?」＝本質、という公式

反抗期、成績、就職活動、結婚……。お子さんの年齢によって、様々な悩みを抱えた保護者の方とお話をする機会も、少なくはありません。

そんなときに、頻繁に感じることが私にはあります。

表面的な悩みや問題に対して「どうしよう?」とは思っても、それらが生じた原因、つまり「なぜ?」については深く考えていない。そこまで思いが至っていない。そんなケースが多いということです。

大事なお子さんが問題を抱えているときに、冷静になるのは難しいことです。

だから私は、そんな親御さんには3回の「なぜ?」を勧めています。

「なぜ?」を3回繰り返すことで、表面的な事象から自由になり、問題の本質を深く掘り下げていくことができるからです。

たとえば、模擬試験の成績が悪く、このままでは志望校に合格できない。どうすべきなのか?

「なぜ」間違ったのか？
↓難易度は問題なかったが、時間が足りなくて問題をよく読めなかった。
「なぜ」時間が足りなくなったのか？
↓問題を解くスピードが遅かった。
「なぜ」解くスピードが遅かったのか？
↓普段はじっくり解くようにしている。
◎解決策＝普段から1問あたりの時間を決めて解く。

こうすることで、「どうしよう？」という漠然とした悩みから、具体的な解決策にたどり着けるのです。

人生に悩みを抱えるみなさんも、ぜひ3回の「なぜ？」を繰り返してみてください。**3回の「なぜ？」の先に、悩みをもたらす本質**が見えてくるはずです。

知る努力より伝える努力

私は日本のお菓子が大好きで、スーパーのお菓子売り場にもよく足を運びます。

そこでよく耳にする、親子の典型的な会話というものがあります。
子供：「ねえ、グミを買って」
母親：「今日はダメ」
子供：「じゃあ、ラムネ買って。グミより安いから」
母親：「ダメって言ってるでしょう！」
子供：「何でダメなの？」
母親：「ダメなものはダメなの!!　もう行くわよ！」
子供はグミを諦め、妥協案としてラムネを提案しました。さらに、「安い」という理由を添えることで、なんとか第2希望を実現しようと試みました。
それに対して、母親はダメの一言だけで、その提案を一蹴しました。
しかし文字にしてみると、「ダメなものはダメ」は理由になっていないことがわかります。母親という立場を使って、強引に押し切っているだけです。
本来は、子供がグミより安いラムネを手に入れようと交渉してきているので、母親も折衷案を出したり、ダメな理由をきちんと説いたり、何かしらの論理的な説明が必要だと思います。

このようなやり取りが、最近非常に増えてきていると危惧しています。

自分はちゃんと伝えた。だから理解しないのは相手のせい。そんな心の前提に立っている人が、社会の様々な層に増えていると感じています。

だからこそ、コミュニケーション不全が生じるのです。

「ちゃんと」の意味は、相手がきちんと理解できたかどうか。相手の知る努力を責める前に、自らの伝える努力が足りないのでは、と疑ってみましょう。

相手の「なぜ?」に、真摯に答えようとする姿勢。

そのことは必然的に、自分の「なぜ?」への態度にもつながります。あるいは、その逆もまた真なりです。自分の気持ちを大切にしない人は、相手の気持ちを大切にすることなど決してできません。

その意味でも、「なぜ?」との向き合い方が大切なのです。

4. 当たり前を疑ってみたら？

誰もが一度や二度は言われたことのある、世の中の当たり前。そんな当たり前を立ち止まって考え直すことで、疑うことの大切さについて考えていきます。

多くの人が当たり前だと思っていることが、本当に必要なことなのか。そんな疑問と共にみなさんと一緒に考えていきたいのです。

「誰とでも仲良くする当たり前」を疑う

ＩＴ革命によって、私たちの交友関係は飛躍的に広がりました。また、交友関係という概念も変化しました。

特に最近では、ＳＮＳの急激な発達によって、実際に会ったことがない相手とも「友達」になることができます。趣味だけが共通点の人とも、地球の反対側にいる人とも、誰とでも一瞬で繋がることができます。そんな多様な「交友関係」の選択肢がある現代において、誰とでも仲良くすることがはたしてできるのでしょうか。

そもそも、ネット上にしろリアルな場にしろ、本当に気兼ねなく語り合える、真に大切な友人はどれほどいるでしょうか。言いたいことが言えず、どこかで相手に合わせたり気を遣ったりしていませんか？

表面だけを合わせる無意味については、すでにお伝えしたとおりです。

誰とでも仲良くなれる人は、その数だけ無理して迎合している。そんな可能性だって十分に考えられるのです。

私は、何かひとつでも「尊敬」できる人と付き合うようにしています。肩書や年齢など一切関係なく、一部分でも尊敬の念を抱ける人と付き合うようにしています。自分にポジティブな影響を与えてくれ、自分もポジティブに接することができるからです。みなさんは「尊敬」できる人と付き合えていますか？

「よく考えて行動する当たり前」を疑う

「よく考えてから行動しなさい！」

子供が失敗したときに、そんな叱り方をした経験のある方も多いと思います。

たしかに、よく考えないから失敗したのかもしれません。ですが、その子供は勇気を持って、思ったことにチャレンジしたのかもしれません。

こうした叱り方は、子供のマイナス面だけを強調しています。

そしてその分だけ、勇気というプラスの面が無視される結果になっています。

おそらく、この子供からは勇気が失われていくように危惧されます。せっかくの長所が失われてしまうということです。

だからこそ、そんな当たり前も疑ってみてほしいと私は思います。

ピンとくる名案があれば、即行動へと移す。名案に根拠などいりません。ドイツの授業でも「百聞は一見に如かず」を何度も実践しましたが、体験の効果はやはり絶大です。

考え不足や準備不足で失敗することも、もちろんあります。

しかしそのときは、「なぜ失敗したのか?」を、3回の「なぜ?」で学べばよいのです。

今の日本は、失敗を過度に恐れる社会です。

多くの成功を目指すよりも、小さな失敗を恐れる社会になっています。

そのことによって、失敗から学び、さらに大きく成長するといった可能性が、社会の全体から失われているように感じています。

「よく思い切ってやってみたね！」

そんなポジティブな言葉に切り替えていくことを考えませんか？

「相手の気持ちを考える当たり前」を疑う

相手の気持ちに配慮する。

相手の意見に耳を傾ける。

日本では、この2つはまったく別のことを意味していると誤解している人が多いと感じます。前者の意味は、「言わなくてもわかる」という「忖度」に通じており、傾聴の力が育たない原因にもなっています。

また、一度聞いてしまうとあとから調整するのが面倒。

だから人前では強く自分を主張しない、という問題も生じています。

しかし、相手の気持ちにしっかりと配慮したい。だからこそ、相手の意見にもしっかりと耳を傾けたい。そのように両者が共存することは可能です。

あるいは、相手の思考を推測しすぎるあまり、自ら悩みを重ね、人生の時間をムダにする場合も少なくはありません。素直に話を聞いてみれば、問題はあっさりと解決していた可能性があるにもかかわらず、です。いくら推測したところで、それは結局推測の域を出ないのです。

傾聴の姿勢が本当に必要だと考えるのであれば、実際にストレートに質問を投げかけて訊いてみること。

まさに、「百聞は一見に如かず」を実践してみることをお勧めします。

子供の気持ちは私が一番よくわかっている。そんなことを口にする保護者の方がいますが、そういうケースに限って、子供は親に意見を言えず、実は深く悩んでいるという場面を多々見てきました。

考えたり悩んだりする前に、まずは相手に訊いてみる。

考えるのも悩むのも、それからでも十分に間に合います。

「人に迷惑をかけない当たり前」を疑う

「周りの人に迷惑をかけちゃいけないよ」

学校でも、会社でも、家庭でも、どこでもよく聞く言葉です。

社会が少しずつ変化していくなかで、他人の迷惑をまったく顧みない人が、老若男女を問わず増えてきています。しかしそれでも、周りの人がどう思っているかを気にする傾向は、まだまだ根強いものがあるといえるでしょう。

無論、そのこと自体は非常に大切なことだと私自身も認識しています。

それでも、「悩み相談したいけど先生に迷惑をかけてしまう」「これを頼みたいけどあの子に迷惑かけちゃう」といった忖度に悩む生徒が、少なからずいます。

人は誰かに頼らなければ生きていけない存在ですが、本来必要であるはずの「頼ること」を迷惑に置き換えてしまい、悩みを重ねる。そんなケースも決して少なくはありません。

このようなケースに触れるたびに、**どんどん人に頼って、そして上手くいけば、その結果を相手に報告してあげればいいだけなのに。**そんな思いを強くします。

大切なのは、**頼りたいのか、頼りたくないのか、**です。頼りたいのであれば、素直にお願いして頼る。すごく単純なことです。

5. すべてに感謝してみたら？

頼る人になる

感謝が大切であることに、異論のある人はいないでしょう。

しかし、日々の生活のなかで、実際に周囲の人や物事に対してきちんと感謝の意を表しているかと問われた際に、即答できる人は少ないものと考えます。

前項で述べたとおり、人は誰かに頼らなければ生きていけない存在です。だとすれば、周囲にもっと頼ること。無論、自分が頑張って力を伸ばすことも大切ですが、周囲にそれをできる人がいるのであれば、その人の力を借りながら何かを実現していく。

それができたら、その人にしっかりと感謝の意を表すことです。

ドイツに行った当初、ドイツ語が不出来な私は住民登録や銀行口座の開設など、長期滞在に必要な各種手続きに苦労していました。そんな私のことを、研究室の先生が本当に助けてくれました。ドイツ生活のスタートを支えてくれた先生へ、今でも感謝の気持ちを忘れずに、心を込めてクリスマスカードを送っています。

誰かの力にしっかりと頼り、しっかりと感謝の意を表す。

自分が頼られたときには、しっかりと力を貸す。感謝いただけるならば、謹んでその気持ちを受け取る。

そんな生き方に、もっと可能性を見出してもよいのではないでしょうか？

「ありがとう」の回数

相手に対する感謝の気持ちは、「ありがとう」と表します。ドイツ語では「Danke」です。

ドイツでお世話になった先生に、私は何度も「Danke」と口にしました。本当に感謝していましたので、素直にそう言うことができました。

私の感謝の質量は、間違いなく「Danke」の数に比例しています。

ただ、こう言われると「感謝の重さは言葉の量なんかでは測れない」という疑問を抱く方もいるかもしれません。たしかに、１人の相手だけを対象とするならば、それも正しいかもしれません。

しかし、感謝する相手の数が増えたらどうなるでしょうか？

1人に対しては1つの「ありがとう」。

2人に感謝すれば2つの「ありがとう」。

そんな形で感謝する相手の数が増えていけば、「ありがとう」の数もまた自然に増えていくことになります。周囲の人たちに感謝する、世界に感謝する。自分がどれだけ周囲に頼る人になれているのかを測るうえでも、感謝の数が重要です。

周りの人にたくさん頼り、たくさん「ありがとう」が言えると、誰もが明るくなれると思います。

お世話になった先生（左は国語とラテン語の先生、右は英語と地理の先生）

生徒に感謝

ギムナジウムに入ったとき、多くの生徒が私を助けてくれました。

7年生の生徒は、私が時間割を持っていないことに気がつくと、それをそっと手渡しながら「写真を撮ったら返してね」と優しい言葉をかけてくれました。見知らぬ10年生に音楽室の行き方を聞いたら、音楽室まで一緒に行ってくれました。そんな生徒たちがいたからこそ、私は充実した日々を送ることができました。

助けてくれたすべての生徒たちに、「Danke」を捧げたいと思います。

日本で数学の教員として勤務している私は、もちろんそこでも多くの生徒たちに、本当に助けられていると実感します。

お世話になったクラスのみんな（7年生）

「先生の授業で数学が好きになりました。ありがとうございます」

そんな言葉をくれる生徒もいます。しかし、私はそこで考えます。私はプロの教師であり、わかりやすい授業をするのは私の仕事上の義務です。むしろ生徒が積極的に授業に臨んでくれたからこそ、理解が深まったのです。

だからこそ、感謝するのは私のほうなのです。

私の授業に、そこまで前向きに参加してくれたことに感謝しています。

「ありがとう」と言ってくれる生徒たちに「ありがとう」。

こんな形で、私の周りにたくさんの「ありがとう」が広がっていきます。

牛にも感謝

私は牛乳がとても好きで、1日2ℓの牛乳を飲んで生活しています。

1ℓの牛乳パックを2本。それだけの牛乳を飲み続ける日々のなかで、1本のパックを手に取るたびに、私はそこでも深く感謝の念を抱きます。私がこの牛乳を飲むまでに、いったいどれだけの人の手がかかっているのか。すべての人に、感謝の意を表しながらコップに注ぎます。

もちろん、牛にもしっかりと感謝します。

クラウスタールでは、学生寮の裏に牧場があり、日中は放牧されていました。

ランニングの途中など、牛の姿を目にするたびに、私は声に出してしっかりと「ありがとう」を言いました。

もちろん、牛に私の言葉は通じません。

しかし、そんな相手に対しても、私は想いを伝えることができます。その分、私の世界が広がっていると実感します。だからこそ、これからもずっと、どんな相手にも、「ありがとう」を伝えていきたいと思っています。

なお、ドイツの牛にはちゃんとドイツ語で「Danke」と伝えました（笑）。

クラウスタールの牛

6．ドイツに変えてもらった私！

教わりたい人がいて、教えたい人がいる

ドイツの社会は、然るべき人に然るべき敬意を払います。

たとえば、私はドイツで日本のことを教える機会に恵まれました。私自身は、知っていることをわかりやすいようにアウトプットしただけという思いです。しかし、ドイツの人たちは、そんな私にもしっかりと敬意を示してくれました。

そんなドイツの日々のなかで、変化した私についてお伝えしていきます。


日本の学校では、教師は「全知全能」であるかのような誤解があります。訊けば必ず正しい答えが返ってくると、誤解している人もいます。

しかし、もちろんそんなことはありません。

ドイツでは、年齢や立場に関係なく、知りたい人がいて教えられる人がいれば「教える／教えられる」の関係が成立します。

もちろん、国籍にも影響されません。教師だって、わからないことがあるのは当然です。そんなときには、わかる人が教えます。

たとえ生徒が教える側だったとしても、教師は気持ちよく受け入れます。

そして、「君の説明でよくわかった」と、相手に対する敬意をしっかりと示します。

私もフィギュアスケートをやっている生徒に、細かなルールや採点法を教えてもらった経験があります。その後、競技を観戦する際の、私の世界は明らかに広がりました。フィギアスケートに関しては、教わりたい私が生徒で、教えたい生徒が教師ということになります。

「教える／教えられる」の境目をなくすことで、むしろ世界は広がっていく。教わりたい人がいたら誰でも生徒になれる。教えたい人がいたら誰でも教師になれる。シンプルですが、何より人生を豊かにできる関係です。

遊びのような数学と、数学のような遊び

ここでの話も、境目をなくすということと深く関係しています。

日本では、「オン／オフをしっかりと区別する」「やるときはやる。メリハリを大切に」といった言葉をかける人が多いかもしれません。

しかし、私はそれとは違うアプローチをしています。

遊んでいたら自然と数学ができるようになっていた。そんな形で理解が進めば理想的だと考えています。

私の授業に、「オリジナルアンサー」と命名したプレゼン形式の授業があります。実際に存在する素材を使って、架空のテーマについて自分だけの答えを導き出して発表するという授業です。前述したとおり姫路市の観光大使でもある私は、姫路城を取り上げたりもします。

そして、「日本全国どこからでも姫路城が見えるようにするためには、天守閣を何メートルにすればよいか？」という問題を設定します。

詳しくは示しませんが、実に様々な解答が提出されます。

人間の視界の限界や気象条件、または地球の丸さなどまで考慮に入れるほどこだわる人もいれば、建物などの遮蔽物を一切考えず平らだと設定して、答えを導き出す生徒もいます。問題文の中にない設定は自由に行えますので、本当に十人十色の答えが生まれるわけです。

どの答えも、その生徒なりの論理を持った正解です。

そして一番大切なのは、その答えを他者に対して責任を持って説明することです。

タブレットやスマホで調べながら、懸命にプレゼンのスライドを作ります。精一杯考えた数式と一緒に、かわいいスライドをみんなに見てほしい。そんな気持ちで取り組んでいるうちに、数学の知識だけではなく、見やすいスライドの作り方やプレゼンスキルまでをも、遊び感覚で身につけることができると考えています。

まさしく、遊びと勉強の境目をなくしていく効果が表れたものと認識しています。

境目をなくした教室

さらに私は、教室と社会との境目をなくすことにもチャレンジしています。

生徒たちが社会のことを知る機会が少ない以上に、むしろ、社会に暮らす方々が学校と接する機会のほうがはるかに少ないのではないでしょうか。特に女子校では警備上の管理も厳しく、一般の方々が中の様子をうかがうことは極めて困難です。

あるいは、報酬の有無で学生と社会人を線引きする考え方があります。

昨日までの学生に、今日からは社会人としてのアウトプットを求める。角度はやや異なりますが、これも境目です。

そんなことを思いながら、境目をなくす機会を探っていました。

そこに姫路城のテーマをプレゼンする機会が訪れましたので、ここぞとばかり姫路市役所の方々に参加をお願いしました。うれしいことに快くお引き受けいただき、さらには、企業に勤める姫路出身の方々にも声をかけていただきました。

生徒たちにとって、クラスメイト以外に一般社会の大人にプレゼンするという貴重な機会になります。

一方、姫路市役所や企業の方々は、日本の高校生の現在地を知ることができたと、大きな感動を示してくれました。たしかに、教育関係者以外の方々が普段の生徒たちの姿を知る機会などありませんので、非常に有意義な時間となりました。

境目をなくした教室が、双方にとって効果をもたらしたわけです。

どうしたらできるのか

私がドイツでの変化のあとにやってきたことは、ある意味で挑戦でした。立場の境目をなくすこと、遊びと勉強の境目をなくすこと、さらには、教室と社会の境目をなくすこと。

普通に考えれば、どれも非常に難しいことのように思えます。

しかし私は、「できるかどうか」で悩んだことはありません。「やりたい」という思いしかありません。だからこそ問題は、「どうしたらできるのか」へと自然にシフトしていきました。

私は、こうした発想がとても大切だと思うようになりました。

ドイツでの日々を経て、こうした想いへと至ることができました。

ドイツでは、意見が対立したときに様々な形の折衷案を模索し、そのための議論を重ねます。どうしたら双方の利益を最大化できるかという観点に立って、ギリギリのところまで議論を重ねます。

その結果、多くのポジティブな結果が生まれていると実感しています。

そんなポジティブさを、所変わった日本でも実践したいと思っています。

どこでも「和辻先生」

これまでのチャレンジの結果を、どんな形でフィードバックしていくのか。

今の私は、そのような点にも思考を広げています。

教室の中だけでできることには、当然ながら限界があります。反対に、IT技術の発展により、世の中には様々なチャンネルが存在しています。

そのなかでもYouTubeは老若男女問わず非常に人気があり、私もそこでチャンネルを作成して動画を配信しています。ただし、数学の授業はしていません。教科書にはない、ちょっとした豆知識を届けたいと思って活動しています。

待ち合わせ前の5分、移動中の電車内、そんなちょっとした時間にも「和辻先生」から学びたい。

そんな人が1人でもいるならば、その1人のために活動を続けます。

リアルに向き合う生徒たち以外にも、自分の思うところを届けていきたい。

そんな知識が、誰かの人生を、いつかどこかで、ほんのちょっとでも、しかし確実に豊かにするのなら、こんなにうれしいことはない。

ドイツに変えたもらった私は、世の中に存在するいくつもの境目、たくさんの既存の考え方に挑戦してきました。それは、慌ただしい日々のなかでも一度立ち止まって、既存のあり方を疑うことから始まります。

7. そして私はチェンジした！

「おんぶにだっこ」の私

時に誰かに頼りながら、助けられながら、あえて自分の足では歩かない。

自分の限界を正しく知ることによって、他の誰かの力を借りることを恐れず、確かなアウトプットへつなげていく。その大切さをお伝えしてきました。

そして私は、帰国後もそうした接し方をできるだけ心がけました。

たとえば、新しく赴任した学校でのこと。

その学校では「1年生」の私は、素直に生徒たちに行事や日常生活についていろいろなことを尋ね、そして、その教えを素直に受け入れることができました。また、同じ数学を教える先生の教授法に刺激を受け、そのことを私が伝えると、先生が非常にやりがいを感じてくれた。そんな経験もあります。

これらの経験から、頼ることは必ずしもマイナスではない。頼られる誰かのことを、ポジティブにすることにもつながっていく。お互いが素直に頼り頼られる社会は、幸せの総和がどんどん増していくのだと確信しています。

ここでのタイトルは、「おんぶにだっこ」の私、としましたが、実際は「おんぶにだっこでつっかえ棒」の私、が正確なのかもしれません(笑)。

生徒に相談する私

教科書に書いてあることは、もちろん私が教えます。

しかし現在の高校では、アクティブラーニングに代表されるように、生徒の自主性を尊重した授業が必要とされています。

とはいうものの、先生が一定の枠組みを与え、その中での「自由」に限定したやり方が主流です。私は、それでは真の意味での自主性は育たないと思っています。

だから私は、生徒にあえて相談することで、自主性を育みます。

たとえば、姫路城のテーマのプレゼンの際など、どんな形で開催したいのか、誰を呼びたいのか、そんなことを生徒たちと相談して決めました。

そうなると、今度は生徒たちがいろいろと工夫を重ねます。

こういう人が来るのなら、もっとプレゼンの方法を工夫しなくては、という積極的な雰囲気になっていきます。

ドイツでは、日々の宿題は認められているのですが、先生方は生徒にちゃんと相談したうえで宿題を課すのが一般的です。

先生：「週末までの期限で、この量の宿題を出したいんだけど？」

生徒：「今週は他教科もやることが多くて難しいから、来週でもいいですか？」

そんなやり取りが普通に行われています。

民主主義がどこまでも徹底したドイツ。宿題は生徒たちの仕事であり、決定する主体もまた生徒たちという発想です。

このときの教えが、今の私にもしっかりと活かされています。

教科を飛び越える私

現在、日本の学校の現場では「教科横断」という言葉が使われています。数学の授業でありながら理科の要素をも取り込みつつ、ひとつの授業を通じて双方の知識を身につけることができる。そんな理想像を描いているわけです。

しかし、私はこうしたお題目に若干の違和感を覚えます。

そもそも日々の授業のなかで、たとえば家庭科での栄養素についての単元では、カルシウムや鉄分を体内に吸収する過程を理解するには理科の知識が必要になり、カロリー計算の単位換算では数学の知識が必要になります。

つまり教科の横断は、本質的には自然発生的に起こるべきものであり、あえて目的化する必要はないのではないかと考えるわけです。

日本にありがちな、手段と目的の転倒。そのリスクを懸念しています。

前述した姫路城の例では、深く考えていけば自然と日本の歴史にも触れることになります。また、気象条件という要素を加味するならば理科にも同じく触れることになります。

生徒たちが強制感を感じることなく、遊びの要素を通じて自然に教科横断する。そんな必要性を感じ、日々実践していこうと思っています。

学校を飛び出す私

私は学校の教員でありながら、企業の人材育成講師、コンサルタント、大学での講義、海外との交流プロジェクト運営、さらにはオンラインサロンや各種の講演活動など、学校の教員以外の活動も行っています。

こうした活動をしようと思ったのには、きっかけがあります。

生徒たちの人間関係に、ちょっとしたことで摩擦が生じてしまうこと。たとえば文化祭の出し物を決める際に、学んだことを深く活かしたい人と、他にもやることがあるからできるだけ簡単に済ませたい人がいます。その議論の対立が、人間関係の対立にまで至ってしまうのです。

あるいは、進路を決める際などに、なかなか判断することができず、自分には考える力がないのだと自らを責めてしまうこともある。

そんなときの教員の言葉は、残念ながら、「まだ中学生なんだから」「もう高校生なんだから」という紋切型に満ちていることが少なくありません。境目の項でもお伝えしたように、こうしたカテゴライズにはマイナスの影響が強く伴います。

だからこそ私は、そんなカテゴライズや紋切型を回避したいと強く思い、自分なりの取り組みを続けてきました。

しかし、こうした状況は中学・高校だけではなく、大学でも、さらには企業でも、同じことのように感じました。そこで活動の幅を外に広げようと決意したわけです。

たとえば、私は、役員は男性だが全体としては女性が圧倒的に多い企業で人材育成のお手伝いをしています。

女子校で勤務した経験を活かし、女性が何にどう悩み、男性の立場からどのようなサポートができるのか。そんな問題意識を持ちながら、多くの方々の悩みを共有し、考え、気づきへとつなげていく。そうしたカウンセリング的な研修を行うことを意識しています。

他にも、若手社員に向けたキャリアビジョンの設定など。

5年後の自分がどうなっていたいのか、そのためには、どんなアウトプットが必用なのか、それらを参加者と一緒に考え、アドバイスを行います。もちろん、長所ペンタゴンもしっかりと活用しています。

生徒たちの進路を共に考えた経験が、このような場所に生きています。

そして、学校外で学んだ多くのことを、学校の授業にも還元しています。特に進路指導にあたっては、社会人の方がどのようなことを考え、悩んでいるのか、その点が非常に役立っています。

様々な形で世の中の境目をなくしていく。これからも、できるだけ幅広いフィールドで、多くの方のきっかけ作りに貢献したいと考えています。

「私の意見」を言う私

すでにお伝えしたとおり、ドイツでは「私の意見はね」は金言でした。

何も言わないことは、何も考えていないことと一緒。だからこそ、それぞれが自分の意見をしっかりと述べようとする。そして、その分だけ、相手の意見にもしっかりと耳を傾ける。

そのために、「私の意見はね」が重要な意味を持つのです。

ここで大切なのは、感じたことをそのまま発言するという点にあります。相手に伝えるからといってカッコつける必要などない。素直に伝えるからこそ考えをよく知ることができる。忖度などとは無縁の世界です。

聞いてわからないことがあれば、その場ですぐに質問します。そのようにして互いの見解を確認し、可能性があれば議論を続ける。しかし、着地の可能性がないと思えば、きっぱりと議論をやめてしまう。

実に合理的な判断ができるわけです。

ちなみに、「聞くは一時の恥、聞かぬは一生の恥」ということわざがありますが、私はこれにも違和感を覚えるようになりました。

聞くことは恥ずかしいことでも何でもないと思うのです。たとえ一時だとしても、です。

ソクラテスの「無知の知」ではないですが、自分がわからないと知っていること。聞くことでその不足を補おうとする姿勢。それが重要なことだと考えます。

だからこそ、私は常に自分の意見をストレートに表現し、わからないことに対しては質問まみれの生活を送っています（笑）。

常に「どうしたらできるか」を考える私

ドイツでの経験によって、私はスーパーポジティブな人間になりました。どんなときも、いつでも、常に前しか向いていないと断言できます。

意見が対立して議論になったとき、ドイツでは必ず、「どこかに着地点がある」という前提で話を進めます。ギリギリまで、お互いの利益を最大化させることや折衷案を探り続けます。できるか／できないか、という軸では物事を考えません。

その大切さを、私はドイツでの3年間で心の底まで理解しました。

帰国してから日本の風景を眺めると、「できない」理由を考える時間の長さに驚きを覚えました。二言目には「でも……」「だって……」と、やらない理由を雄弁に語り、「できる」ために何をするかという志向性は、残念ながらあまり優位ではありません。

未知のこと、新しいこと。そこに挑戦する際はさらに顕著です。

仮に30％の失敗リスクがあるとすれば、それを減らすことの議論だけに拘泥し、

70％の成功可能性についてはほとんど目を向けません。

オリジナルアンサーの取り組みを学会で発表した際にも、「できない」前提でのご意見やご質問を多数いただきました。あるいは、「できた」のは生徒が優秀だったからなどの何かしら例外的な理由があるのだと、無理に納得しようとする人が多かったと感じました。

そのようなネガティブ思考は、「可能性」そのものを奪いかねません。

ポジティブな方向へ火をつけていくこと。

「できるかできないか」ではなく、「どうしたらできるか」を考えることによって、自分自身はもちろんのこと、周りの人の可能性も広がっていきます。

8．だからあなたもチェンジできる！

変化しないリスクより変化するリスク

ここまでお読みいただいたみなさん、今はどんな心境でしょうか？

私はドイツでの経験から、スーパーポジティブな人間に生まれ変わりました。しかし、私に特別な力があるわけではありません。また、貴重でこそあるものの、特異な時間をドイツで過ごしたわけでもありません。

それでも変わることができたのは、変わりたいと強く願ったからです。

日本では、結果として失敗したリスクを何より重く考えます。失敗して周りから笑われる。投資したのに儲からない。努力したのにほとんど結果につながっていない。そんなことを強く気にかけます。

しかし、挑戦しないことによる損失には、ほとんど目を向けません。周囲が他人の成功／失敗にさほど注目していないことは、すでにみなさんにもお伝えしたとおりです。その点はここでは繰り返しません。

ここでは少し角度を変えて、留学の例を考えてみます。

仮に自分を変えたくて英語圏に留学したとして、すぐにホームシックにかかり、残念ながら途中で帰国してしまうかもしれない。しかし、挑戦した事実は残ります。また、それが失敗だったとしても、英語力がなくなるわけではありません。

失敗から3回の「なぜ？」によって分析することもできます。

回転寿司のお皿のように、今を逃せばもう巡り合えないかもしれない。

変化を避けて、今日も明日も明後日もなんとなく同じような自分で過ごす。そんな、むしろ変化しないことのほうがリスクであることに、気づいてほしいと思います。私にとって変化のきっかけがドイツであったように、みなさんにとってのそれが本書であることを、心から願う次第です。

環境の安定より柔軟性の安定

生徒たちと進路の話をしていると、「安定した職業に就きたい」という言葉をよく耳にします。先生方のなかにも、「安定した生活をするためにはいい大学に」というアドバイスを送る人も少なくありません。

ここでいう「安定」とは、おおむね収入のことを意味しています。

一定のレベルで生活を送ることができる。それが「安定」の意味になります。

しかし、現代は変動の激しい社会です。安定した会社に入っても、その会社が外国の会社に買収されてルールも上司も180度変わる、などといったことも珍しくはありません。あるいは、何らかの事件や大不況などによって、企業の立場が激変することもあります。

そのような、環境に左右されかねない安定に依存することは、適切なことなのでしょうか?

私が大事だと思っているのは、環境に左右されない安定です。

仮に今の職がなくなっても、明日から別の仕事で食べていける。そうした力が大切なのだと考えています。

そのためには、何より柔軟性を身につけていくこと。

相手によって、柔軟に対応を変えていける力が備わっていること。ただし、柔軟なことと八方美人は異なります。単に迎合することとも異なります。

今の環境で、どんな役割を期待されているのかが理解できていること。そんな柔軟性を安定させていくことが、これからの時代に必要な安定です。

私も、国内のメーカーやイタリアンカフェ、海外の行政に携わる方々など、様々な業種業界の方と仕事をしています。当然、それだけ多くの異なる役割が期待されています。そのたびに、3回の「なぜ?」で求められている本質を突き止め、必要であれば「私の意見」を言うことで変化の先にある可能性を語っています。

「何をすべきか」より「何がしたいか」

企業で研修をしている際に、よく出会うシチュエーションがあります。

今の立場や役割、報酬といったことへの不満。あるいは、臨んだ形での昇進が果たせないことへの不満。そんな不満を非常に多く耳にします。

そんなとき私は、必ずひとつの質問をぶつけることにしています。

「もしも会社が、好きなことを何でもしていい、どの部署で働いてもいい、何でも好きに選んでいいと言ったら、あなたはいったい何がしたいですか？」

そうすると、ほとんどの人が固まります。

「言われてみると、そんなこと考えたことなかった……」という回答がほとんどです。

私に寄せられた不満は、基本的には現状の報告であって、未来に対する視点が明らかに欠けています。

「何がしたいか」を考えたことのない人は、「何をすべきか」という義務感から、日々の仕事をしている場合がほとんどです。だから喜びを感じることができず、不満に満ちた現状を抱えることになっているのです。

企業に限らず、このような日々を過ごしている人は多いでしょう。

そんな人は今すぐ、「何をすべきか」から「何をしたいか」に、心のベクトルの向きを変えていってほしいと思うのです。そうすることによって自分が大切だと思うものに出会い、日々を充実させていくことが可能になるのです。

だから最後にもう一度聞きます。

「みなさんは、**本当は何がしたいのですか?**」

答えはすでに、みなさんの心の中にあるはずです。

打率より打席数

野球に詳しくない方のために、少しだけ解説します。

打率とは、安打数を打数で割ったもの。つまりヒットを打った確率のことです。打数とは打席数から死四球や犠打などを除いたものですが、ここでは簡単にご理解いただければけっこうです。

日本の社会は、基本的には打率を重視する社会です。

野球とは関係ないところでも、何回成功したかではなく、どれくらいの割合で成功したかが問われているといえます。失敗を極度に恐れる雰囲気が、ここにも顕著に表れています。

しかし、私は成功の回数にこそこだわるべきではないかと思っています。まずはチャンスという打席に立つこと。そこで重ねた成功という安打の数を数えること。多くの失敗を重ねたとしても、成功の数が減ることはありません。打率は常に変動しますが、安打数が減ることなど絶対にありません。

1994年から、プロ野球でも最多安打がタイトルとして認定されました。

私はよい傾向を示していると考えます。

打率よりも、ひとつひとつの成功にしっかりと目を向ける人が増えていくことを期待します。安打（成功）を打つためには打席（チャンスの場）に立つことです。

可能性が10%しかない。いや、10%は可能性があるんです！　たとえ可能性が99%だろうと、最後はふたを開けてみないとわかりません。しかしたったひとつだけ確実にいえることは、**打席に立たなければ安打を打つ可能性は0%です。**

決まった未来より予測できる未来

ひとつの目標に向かっていく。努力すればきっと目標にたどり着ける。

そんなアドバイスを送る大人は、決して少なくありません。しかし、少しでも現実を理解すれば、努力が結果を保証するものでないことは明らかです。

どんなに実力があっても、運が悪い方向に働く場合もある。

それがわかっているのであれば、夢が実現しない可能性についても、きちんと伝えておくべきではないかと思うのです。

そんな私が思うのは、「二兎を追えば三兎目が現れる」です。

具体的には、有事に備えた「プランB」を用意しておくこと。

弱気になれと言っているのではありません。目標はしっかりと持つものの、それが実現しない可能性に備えて、他の目標も自分の中に持ち合わせておくこと。

回転寿司の皿のように、時は流れると書きました。

個人を取り巻く状況だけではなく、自分自身も変わるかもしれません。

未来は決まったものではなく、あくまでも予測の範囲にあるものです。

予測は決定ではありませんから、変わることだって十分にあり得るのです。

プランBにこだわらず、CもDもと、たくさん用意してください。そのようにして二兎を追っていると、思わぬところから三兎目が飛び出してきます。

立ち向かう勇気より逃げる勇気

最後に、ちょっとだけ変な話をします。

これまで、壁があれば逃げずに立ち向かう。その点ばかり強調してきた印象をお持ちかもしれません。

「でも、世の中必ずしもそんなに上手くはいかないよね」

そう言われればたしかにそのとおりです。

もちろん、私もそのことは十分に理解しています。

どんなに頑張っても難しいことがある。超えられない壁がある。それもまた、人生の変わらぬ真実のひとつです。どうやっても上手くいかない同級生がいる。絶対に好きになれない上司がいる。

そんなときにはどうぞ、その環境から逃げてください。

逃げるにも勇気は必要です。挑戦したうえで出会ってしまった不可能であるならば、それは十分、逃げるに値する出来事です。

悩んでいるときほど、周りの言葉や反応に敏感になりがちです。

しかし、人生とは、他ならぬみなさん自身のものです。自分を傷つけてまで守るべきものなどありません。

かつて、ある生徒が「私は今、友達関係から逃げている。でも、逃げるにも勇気がいるんです」と、私に言ってきました。

まさにそのとおりです。

今が世界のすべてではなく、みなさんを受け入れてくれる場所は必ずどこかにあるはずです。それは異なる業界かもしれない。外国かもしれない。あるいはネット上かもしれない。

もしもみなさんが今、何かから逃げようとしているのなら、間違いなく**逃げることに勇気を出しているの**です。

ちょっと聞いて！④

ドラゴンの性別

自己表現の自由は、会話上だけではなく、紙面上にもしっかり存在しています。日本では、履歴書や区役所への提出書類、アンケートなどの個人情報記入欄に性別を丸で囲む箇所がありますね。それらのほとんどが「男」と「女」の2つの選択肢しか用意していないように思います。

しかし、ドイツでは、性別チェック欄に「m／w／d」という3つの選択肢が用意されていることがあります。

mは男性（mänlich）、wは女性（weiblich）です。

では、男性でも女性でもない「d」とはいったい何のことでしょうか。

dは「dlivers」を意味しており、「その他諸々、様々」という意味です。ますます混乱しますよね（笑）。しかも、これはLGBTQ（性的マイノリティ）の方々のために用意された選択肢ではないのです。

たとえば、私の名前は龍（りゅう）です。

もしも私が、名前のとおり自分はドラゴン（龍）で人知を超越した存在なのだと本気で思い込んでいたら、性別はmでもなくwでもなく、dになります。

人知を超越した龍ですから、人間の男女には該当しないということです。

もしも自分を預言者、神、ヒーローなど、人知を超越した存在であると本気で思っているならば、dに丸を付けて書類を提出します。これは、選択肢を男性と女性の2つに設定した時点で、強制的に男性または女性に分けることになります。dを用意することで「自己認識の自由」を保障しているのです。

どうですか。実に哲学的ですよね。

新たな選択肢があることを知ったうえで、改めてみなさんは「男性」ですか、「女性」ですか。それとも「その他」ですか？

おわりに　さあ、一歩を踏み出そう！

私の曽祖父は和辻哲郎という哲学者です。

曽祖父の書籍に、『偶像再興・面とペルソナ』（講談社文芸文庫）という一冊がありますす。その中に次のような一節があります。

「成長を欲するものはまず根を確かにおろさなくてはならぬ。上にのびる事をのみ欲するな。まず下に食い入ることを努めよ。」

幹が太く高い樹は、地中の根がしっかり張っているからこそ上に伸びることができる。私たち人間も成長しようと上ばかり見るのではなく、自分を支える土台をしっかり固めることから始めるべきだ。私はこのように解釈しています。

様々な仕事や学校外活動をしていると書きましたが、私の根は間違いなく学校の「教師」です。担任のクラスでは、生徒がいかに充実した学校生活を送れるか試行錯誤する。数学の授業では、数学的思考を養うことで「生きる力」として人生に役立てられるように創意工夫する。

まだまだ一人前には程遠いと自覚して、教師としての根を張り巡らしています。そんな最中、ある生徒に「先生の人生、面白いですね。本書けそうですね」と言われました。また、ある保護者には「娘に先生のお薦めの本を教えてやってください」とも言われました。

これらの会話が記憶に残り、枝を伸ばしたい、伸ばしてみようと本書の出版を決断しました。

出版という、私にとって未知の挑戦を決断すると、そのか細い枝を伸ばすことに多くの方が寄り添ってくださいました。おかげ様で私は、最初の一歩を踏み出せました。私にとって、出版に対する一歩を踏み出すきっかけが生徒や保護者の一言だったように、読者の方の一歩を踏み出すきっかけが本書となることを祈っています。

本書を出版するにあたって、最初から最後まで支えて応援してくださった出版関係の方々、私の興味にいつでも向き合ってくれたギムナジウムの生徒や先生、そして日本の現役の生徒や卒業生、保護者の方々、企業の方々にお礼を申し上げます。

「ありがとう」「Danke」

和辻　龍

■ 著者略歴 ■

和辻 龍（わつじ りゅう）

1985年東京都生まれ。

電気工学修士（明治大学大学院）

Clausthal University of Technology（クラウスタール工科大学・ドイツ）エネルギー工学博士課程任期満了

学びを目的として訪れたドイツにて、大学講師として活動するだけでなく、日本の小学校高学年〜高校にあたるギムナジウムにも「生徒」として滞在。そのときの経験を活かし、私立中高一貫校の数学科教師として勤務する傍ら、兵庫県姫路市観光大使（ふるさと大使）、企業研修講師としても幅広く活躍中。

教育委員会をはじめ、大学や公立中学校など多数の学校にて講演実績あり。海外の大学向けに日本に関する研修を企画運営している。また、若手社員から管理職まで幅広い層を対象とした企業研修では、ドイツで学んだ「自由」・「自律」・「自己責任」の意識を高め、組織全体のモチベーションアップに大きく貢献している。

書籍コーディネート：（有）インプルーブ　小山睦男

編集協力：細谷知司

こんなに違う!? ドイツと日本の学校

「自由」と「自律」と「自己責任」を育むドイツの学校教育の秘密　〈検印廃止〉

著　者　和辻　龍

発行者　杉浦　斉

発行所　産業能率大学出版部

東京都世田谷区等々力6-39-15　〒158-8630

（電 話）03（6432）2536

（FAX）03（6432）2537

（振替口座）00100-2-112912

2020年3月31日　初版1刷発行

印刷所・制本所　渡辺印刷

（落丁・乱丁はお取り替えいたします）　ISBN 978-4-382-05783-8